战后香港社会流动研究

婴儿潮世代打造的"香港梦"

黄绮妮 著

中国社会科学出版社

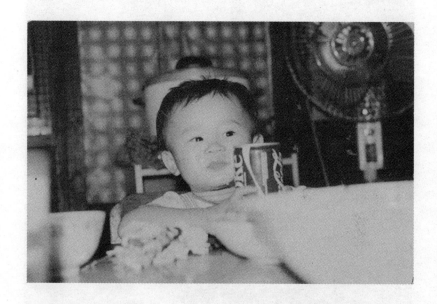

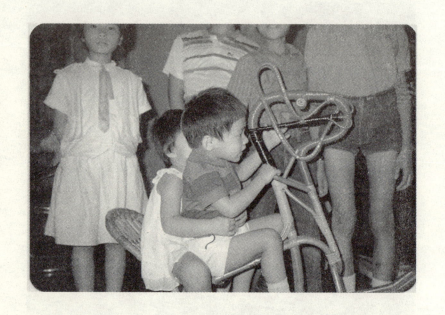

Drying books on roof.

致 谢

　　这本书所报告的婴儿潮世代的故事是我完成博士论文研究的部分访谈资料。在过去的几年中，我已将博士论文的主要研究发现公布于多份英文学术期刊上，并重新整理以英文写作成书于二〇一一及二〇一二年出版（出版刊物详列于如下）。这本书主要将论文中两项重要的分析——流动过程和流动影响——以中文呈现给读者。虽然，研究设计的详细内容，以及研究如何进行只在本书简略提及，但这样做并不会影响读者明白此书中的分析。

　　此书得以完成有赖多方师友的支持。虽然不能当面向他们一一致谢，但是仍想在此向他们表达我的感激之情。首先，虽然毕业多年，我仍深深感激牛津大学的两位指导老师，John Goldthorpe 和 Gordon Marshall。没有他们专业的指导和具启发性的意见，博士论文未必得以顺利完成，更枉论之后的出版著作。当英文书的版本面世后，好友高明仪建议我将最重要的研究发现写成中文，好让本地及两岸读者可以更容易地分享研究成果，了解战后香港的情况。因着她的建议，我才有写作此书的构想。故此，要感谢她的建议及支持。

　　我感谢书中所有被访者毫不吝啬地跟我分享他们的故事。没有他们的慷慨，博士论文以及本书根本不可能完成。虽然我并非婴儿潮世代的一分子，但是我自小便向往凭一己之力奋发向上成就所谓"香港梦"的励志故事。只是，当我接触了社会学，才惊觉事实比"香港梦"残酷和复杂得多。当然，要出人头地，努力和能力都不可缺少，但它们并非成功的唯一原因。所谓谋事在人，成事在天，所指的是，没有结构性机遇的配合，任你再有能力，付出更多的努力，也许都只是徒然。被访者如何讲述他们的故事以及分析他们自身的经历，可能跟我作为社会学家的看法很不一样。虽然我强调被访者受惠于香港当时的经济发展而有所成就，但我没有意图抹杀他们的能力和所付出的努力。让我向他们一一致敬。

此外，很多人仗义相助：有的帮我将手稿打成计算机档案，有的帮我搜集相关数据和相片。衷心感谢 Andrew、Eva、Freeman、Irene、Karis、Lisa、大头、娟娟、启业。最后，要感激一直支持和关心我的家人。爸爸于二〇〇九年离世无法亲睹本书，但相信若他仍然在世的话会为我感到高兴。妈妈和弟妹们多年来只知道默默地支持我做研究以及将研究发表，但因用英文出版的缘故，他们从未细阅我的著作。希望此书会令他们了解到他们的女儿/姐姐所做的研究究竟是怎么一回事。

以下是以博士论文资料为基础的出版刊物：

· Wong, Yi-Lee（2004），"A Unified Middle Class or Two Middle Classes? A Comparison of Career Strategies and Intergenerational Mobility Strategies between Teachers and Managers in Contemporary Hong Kong"，*British Journal of Sociology*，55（2）：167 – 186.

· Wong, Yi-Lee（2005），"Class and the Educational Attainment of Siblings: An Explanatory Model for Social Mobility"，*Research in Social Stratification and Mobility*，Volume 23，Chapter 5：129 – 151.

· Wong, Yi-Lee（2007），"Inequality within the Family: Cases of Selective Parents in Post-war Hong Kong"，*Sociological Research*

Online, Volume 12 Issue 5, http: //www. socresonline. org. uk/12/5/15. html.

· Wong, Yi-Lee (2007), "How Middle-class Parents Help their Children Obtain an Advantaged Qualification: A Study of Strategies of Teachers and Managers for their Children's Education in Hong Kong before the 1997 Handover", *Sociological Research Online*, Volume 12 Issue 6, http: //www. socresonline. org. uk/12/6/5. html.

· Wong, Yi-Lee (2009), *Social Mobility and Inequality within the Family in Social Mobility: An Examination of Family Strategies in Hong Kong, 1940 – 1980*, Germany: Verlag Dr. Muller.

· Wong, Yi-Lee (2010), "Social Mobility and Social Inequality: The Ambivalence of the Middle Class", *Sociological Research Online*, Volume 15 Issue 2, http: //www. socresonline. org. uk/15/2/2. html.

· Wong, Yi-Lee (2011), "Cognitive Structure of Social Mobility: Moral Sentiments and Hidden Injuries of Class", *Sociological Research Online*, Volume 16 Issue 1, http: //www. socresonline. org. uk/16/1/14. html.

· Wong, Yi-Lee (2011), "Overlooked Insights from Mobility Instances? Reconsider our Understanding of Mobility Processes", *Research in Social Stratification and Mobility* 29 (2): 181 – 192.

· Wong, Yi-Lee (2011), *Social Mobility in Post-war Hong Kong Volume One: Getting Ahead*, New York: Nova Science Publisher, Inc.

· Wong, Yi-Lee (2012), *Social Mobility in Post – war Hong Kong Volume Two: After Getting Ahead*, New York: Nova Science Publisher, Inc.

写在前面

二十世纪六七十年代的香港不乏来自低下阶层，因着自身的能力和努力，成功往上爬的例子。本书中不少专业人士和管理人员也有着类似的经验。

钱先生，生于一九四九年，爸爸是调酒师，妈妈是家庭主妇。他是家里六兄弟姊妹中的老二。中五毕业后当了绘图员。虽未能升上中六，钱先生并未放弃，打算每天下班后自修，为升学作准备。可惜一星期六天，每天十小时的工作，实在令他身心疲累，工余后无法集中精神温习。有鉴于此，他爸爸介绍他去做一份朝九晚五的文职工作。这份工令他可兼顾学业。两年后，他得偿所愿，参加了中七的高等程度会考。虽然考不上当时的两间大学，但他考上了师范。完成两年师范课程后，他到了一间小学任教。在那里工作的八年间，钱先生不但升了职，还开始了六年兼读学士课程的生涯。这个学位课程使得钱先生可转往中学任教。教过两间中学，使得钱先生可储蓄供读全职硕士课程的费用。于是，他便一心一意享受整年全职的学生生活，完成语言学的课程，之后转往一所大专学院当语言指导员。总的来说，因着不断进修的关系，钱先生中学毕业后所获得的学士学位和硕士学位令他能转往中学继而大专任教。钱先生晋身中产的过程主要是凭借一个又一个的学位。

雷太太，跟钱先生一样，也是老师。她生于一九五一年，爸爸是海员，妈妈是主妇。她是家中老大，有两个弟弟。因家境比钱先生的困难，她的妈妈并不希望她读书，而是希望她能早点出来工作，帮补只靠爸爸微薄收入的家计。可是雷太太并不愿意。不过，她成绩优异，屡获学校的奖学金，就在这样的情况下，加上她的班主任的游说，她的妈妈终于让她升上中学，并完成五年的中学课程。雷太太考虑到能考上当时两间大学的机会实在微乎其微，况且，即使考上了，她心里明白她根本不能支付学费。故此，中五之后，她决定报读师范；每月所获得的津贴，至少可减轻家庭负担。毕业后，她在一所中学任教初中。任教十多年后，升了一级。雷太太很满意她的现况，并希望能在此校任教至退休为止。与钱先生相比，雷太太的经验与大部分老师相似：一旦投身了某间学校，大部分老师便决定在那里任教至退休。当中，因中小学的编制较简单的关系，升职并非常常发生的事。

与雷太太的经验类似，赵先生也是毕业后一直在同一间中学任教。赵先生，生于一九五九年，爸爸和妈妈是在街摆卖的菜贩。他在家中七个孩子中排第五。虽然家庭收入不多，但因着兄姊对家庭的经济贡献，家里能让赵先生读大学。大学毕业后，赵先生到了一家中学任教，六年后，升为主任。根据赵先生的理解，可否成为中学老师，视乎学校有否空缺，一般来说，任职大约五六年便有机会升职。

总的来说，要成为老师，至少要有中五的学历。有的选读师范，获文凭后成为小学老师，或到中学任教初中；有的升读大学，到中学任教。成为老师后，本书中很多被访者大多会在同一间学校任教，大多获得升迁。换句话说，通过成为老师晋身中产阶级，学历非常重要，它决定了你能否入职。入职以后，升迁要视乎年资，以及有空缺与否。

相较于老师，成为经理的路径较多元化，以下便是几个不同的例子。

查先生，一九四一年出生于越南。爸爸是工程师，经营自己的工厂，制造不同的电子产品，妈妈是家庭主妇。查先生是六个孩子中的老大。自小于越南读书。因他爸爸认为从长远来说越南并非发展之地，所以查先生中学毕业后被送往台湾读大学，修读电子工程学系。毕业后，跟爸爸商量应否留在台湾发展。最终，查先生留台一年作见习工程师，之后前往香港发展。两年后，升作生产科长；不久与友人创业。但半年之后，认为专业工程师更适合他。于是，加入了一家工厂成为工程科技员，一年后升为工程主任，然后为生产经理。在那家工厂做了十年生产经理后，因缘际会，被邀请加盟另一工厂，又做了七年生产经理，并于一九九零年被提升为总经理。查先生晋身经理的路径是由专业人员做起，之后因年资经验终于被提升为总经理。

罗先生的经验与查先生的也差不多。罗先生，生于一九四六年，爸爸是仓库主管，妈妈是家庭主妇。他是家中老二，有六位兄弟姊妹。虽然爸爸收入不错，但要养活一家九口并非易事。因为他是家中儿子（并非女儿）的关系，罗先生才可以完成中学课程。中五毕业后，他做了两年见习生，接着正式成为店中推销员。因做事认真，三年后，他被提升为主任，一年后再被提升为营业经理。罗先生在工作上认识的同事或业务同工先后邀请他加盟到他们的公司当营业经理。一九八六年，他更成为某大公司的陈列室经理。罗先生晋身经理之路，学历并非重要因素，最重要的是他的经验、工作态度和推销技巧。

查先生从专业之路成为经理，而罗先生则从推销业中的经验之路晋身管理层。与之相比，宋先生的经验就显得与别人不同。他生于一九五八年，小时候父母便离异。继父是地盘工人，妈妈是清洁工人。宋先生排第三，有两个姐姐和一个弟弟。因家境清贫，两个姐姐小学毕业后就到工厂做工帮补家计。宋先生读中学时，也要到学校的饭堂兼职洗碗以赚取生活费。宋先生读中三时，二姐正打算结婚，与他商量财政上的安排。其实，大姐一早成家立室，已再没有供养家庭，家庭的经济重担落在二姐身上。但二姐恐怕婚后未必有能力供养父母和弟弟们，于是跟宋先生商量。最后决定，二姐会等宋先生完成中三才结婚，而宋先生则会于中三毕业后工作，负责养家。中三后，宋先生去当了学徒。出师后，在工厂里当了十二年技术工人。但眼见工人的前途并不理想，可预见的命运是在年老力衰时被老板辞退。宋先生便决心脱离工厂，辞去工作，当了两个月的自雇推销员。然后，应征成为一家地毯清洁公司的司机及清洁工人。虽然只做了短短一年，但因工作态度良好，令老板刮目相看，调他往营业部做了地毯清洁服务的推销员。做了三年后，在这一行中做出了名堂，被邀合股成立一间新地毯清洁公司，更当上了项目经理一职。以宋先生的学历，若非其出色的工作表现，他根本不可能有机会转做文职工作，遑论晋升为经理。故此，宋先生的经验正好说明了能否成为经理，学历并非最具决定性因素。

这六个故事所得出的结论是，于 20 世纪六七十年代的香港投身工作的人有的是机会。当时，香港经济发展非常迅速，各行各业都求才若渴，只要稍具资历，做事认真，被赏识担当要职的故事俯拾即是。这本书正是要分析跟这六则经历相似的战后香港故事。

目　录

第一章　追寻"香港梦"

曾几何时，战后香港被视为处处机会，遍地黄金的地方。只要你有能力，肯努力，要在香港干出一番事业，出人头地，绝对不是天方夜谭。二十世纪七八十年代，很多电视肥皂剧所描绘的身无一文的穷小子，因自身聪明，加上努力不懈，而赢得向上爬的机会，成为富甲一方的成功人士的故事，已成为社会所传颂的"香港梦"，其中包括年纪上了三十岁的香港人所熟悉的电视剧《鳄鱼泪》、《大亨》、《奋斗》、《东方之珠》、《他的一生》等等。的确，那是婴儿潮世代所成长的香港：一个充满向上流动机会的社会。而本书正是一个有关香港婴儿潮世代的社会流动的质性研究。

流动故事

社会学家一直都关心社会分层[①]与社会流动[②]之间的关系。文献中有的是大量量化研究，报告不同结构的社会之流动模式和流动率（例如 Ganzeboom et al.，1991，于文中所引述的研究）。

---

① 社会分层是指社会被假设分成不同阶层的概念。
② 社会流动是指人们在社会结构内从一个社会位置移往另一个社会位置的概念。

这些研究所关注的核心问题是,究竟社会所呈现的流动率与模式跟其社会的经济、政治和文化发展是否有直接关系。当然,这些研究的贡献不可抹杀;可是,究竟流动是如何发生与流动本身对流动者的影响却似乎未被重视。要理解社会再制①和社会公平,流动是其中重要的一环。但若只集中研究流动率与模式,我们并未回答社会再制是如何经由流动过程所产生。简言之,我们要回答的问题并不单单是社会的流动率与模式,从而理解社会结构是否经由社会的流动(或没有流动)而得以代代再制,而是要处理在社会结构中流动是如何产生。当中的着眼点是流动过程。要研究流动过程,就不得不作质性的研究探讨流动故事。宏观层面的模式并非从天而降,而是经由人或行动者于微观层面所作的行动所形成的。人于这个过程中并非被动地被结构牵着走,而是有其主动性的。而人的主动性往往于量化研究中被变项间的关系所取代。质性研究正可弥补这方面的缺失:由行动者亲述其行为,表现其自主性。而流动者的自主性亦展现于流动对流动者所带来的影响。

　　研究流动过程时,我建议集中点应放在家庭中每一位成员的经历上。这个建议背后有着两个对个人与家庭的假设,并隐含着家庭而不是个人应被视为这个社会流动研究的研究单位。第一个假设是:人们与他们的家庭都向往移往较佳的社会位置(e. g. Parsons,1949)。这个假设牵涉到以下两个问题:一、究竟个人与他们的家庭是否都希望流动到一个较佳的阶级位置呢? 二、他们又会认为哪类阶级位置才是较佳位置呢? 当然,我们并不应假设所有人都有向上爬的动机;我们更不能预设所有人对较佳阶段位置的看法一致。况且,人们认为的所谓较佳位置都会随着时间

---

① 社会再制是指社会结构或制度得以保持原状的概念。

和地点而有所改变。所以要澄清的是，作出这个假设，我并非暗示所有个人及其家庭都应向往用同一种方法去改变自身的处境，又或是期望爬到相同的阶级位置。我的第二个假设是：个人与其家庭都是自主的个体；他们会运用策略以达到他们心目中理想的阶级位置（e.g. Baron and Hannan, 1994）。将人们视为自主个体，我以此表达对量化研究中将人们塑造成被动的客体或没有思想的死物的反感（cf. Cuff and Payne, 1984）。将人们视为自主个体，与社会学中认为社会结构对个人造成障碍或机会并没有矛盾（e.g. Wellman and Berkowitz, 1988；Blau, 1994）。重点是，人们清楚意识到他们所遇到的结构、障碍，或机会，并因而主动地响应这些障碍或机会。在这个研究中，人们与他们的家庭作为自主的个体会设计策略，好让他们爬往他们所认为的较佳阶级位置。这并不是说，所有人与其家庭都只一成不变地用着相同的策略，又或是有着全盘计划按部就班地将计划完成。相反，我认为人们与其家庭会因应环境的转变而调整他们的策略。简单地说，我假设人们与其家庭向往较佳的阶级位置；而因不同的机遇或障碍，他们会运用不同的策略，以至他们能有效地到达他们心目中所认为的较佳阶级位置（e.g. Erikson and Goldthorpe, 1992）。

　　研究流动所带来的影响之讨论将分成两个层面。一是集体层面上流动所造成的驯服效果，而另一个则是个人层面上流动者对流动的感受。有些马克思学派的学者认为流动不利于阶级革命（cf. Parkin, 1971），因为向上流动的人可能会被自身可往上爬的经验所影响，因而强调社会可容许流动发生的可能性，忽略了社会结构并未因社会流动的发生而有所改变的事实。换句话说，社会结构中每一阶层内的成员有所转变并不表示社会中的阶级结构发生变化。所以，我们要问的是，向上流动会否影响流动者的世界观，尤其是他们对社会公平的看法。而有关流动者对流动本身的感受是鲜被研究的范畴。但是，理解社会流动的感情层面却有助我们进一步了解为何社会结构经由社会流动得以再制而一直不被挑战。

　　这本书是有关八十九个婴儿潮世代向上爬的故事。其实，坊间有不少著作关注这个世代的经历，但其描述大多流于表面、空泛的概括，缺乏研究基础。与此不同，这本书是对婴儿潮世代的研究，让他们亲身道出其奋斗经过，分享其世界观以及对流动的感受。其着眼点是，因应天时地利对婴儿潮世代所造成的向上爬的机会和成就，是如何被打造成为社会上公认为每个世代都应具备有的香港精神及所应该追寻的"香港梦"。

研究设计

　　这个质性研究于一九九六至一九九七年进行，目的是邀请任职教学或管理工作，并育有至少一个六岁以上的子女的中产人士接受深入访谈。这项研究总共访问了八十九位受访者。其中，四十三位是教学人员（包括大学讲师、大专指导员，及中小学教师、主任、校长，等等），三十位是管理人员（包括私人公司的行政总裁、经理、高级管理人员，公营机构的总管、行政人员，等等），十六位是教学或管理人员的配偶。表 1.1 列出了他们的职业资料。被访者是生于婴儿潮世代的中年中产父母，正在供养一至三个儿女；他们大多生于香港，于香港接受教育，继而工作，成家立业。根据 Erikson 和 Goldthorpe（1992）的阶级分类，这八十九人中，二十三位来自较优势的家庭，父亲或母亲为白领或专业人士；二十九位来自自雇家庭，即父母亲是自雇人士，做些小生意或小买卖；而三十七位则来自低下阶层，其父亲或母亲是以劳力赚取生活费用的劳苦大众。绝大部分被访者来自大家庭，平均有四至五个兄弟姊妹。因香港于一九七一年才实施一夫一妻制，有些被访者的父亲甚至同时娶了不止一位太太。

在探讨他们的故事之前，下一章我将会简要地描述他们成长与成功向上爬的社会背景：战后的香港。

表1-1 八十九位被访者（四十九个家庭的丈夫和妻子）的职业

家庭*	丈夫现职	妻子现职
区宅	工厂经理	小学教员
查宅	总经理	家庭主妇
池宅	助理教授	文书主任
钱宅	语言指导员	小学校长
赵宅	中学主任	中学教员
蔡宅	自雇商人	小学教员
钟宅	中学主任	中学主任
戴宅	小学副校长	语言指导员
杜宅	营业经理	会计助理
范宅	首席助理秘书长	助理教授
方宅	家庭主夫	小学教员
夏宅	经理	店务员
叶宅	中学副校长	家庭主妇
金宅	高级经理	家庭主妇
关宅	中学教员	家庭主妇
郭宅	部门经理	高级文书主任
邝宅	中学教员	中学主任
龚宅	中学校长	病房经理
刘宅	经理	经理
罗宅	经理	经理
利宅	中学主任	小学教员
雷宅	小学教员	中学主任
陆宅	房屋事务主任	小学教员

续表

家庭*	丈夫现职	妻子现职
龙宅	退休中学教员	接待员
马宅	中学主任	中学主任
明宅	机构主管	家庭主妇
毛宅	高级化验师	讲师
梅宅	中学教员	职业学校教员
蓝宅	董事	中学教员
柯宅	中学主任	语言指导员
白宅	工程师/合作伙伴	中学教员
彭宅	家庭主夫	中学主任
石宅	小学校长	小学副校长
成宅	高级工程师	小学教员
苏宅	讲师	小学主任
宋宅	项目负责人	自雇导师
施宅	团队经理	秘书
邓宅	经理	经理
唐宅	退休经理	家庭主妇
董宅	经理	检察员
谢宅	（营业经理）	家庭主妇
华宅	分行经理	（家庭主妇）
尹宅	经理	（经理）
胡宅	高级经理	（家庭主妇）
任宅	（退休自雇移民顾问）	小学教员
殷宅	（自雇店务员）	中学教员
严宅	（劳工事务主任）	小学主任
余宅	流量经理	（退休高级打字员）
容宅	小学副校长	（家庭主妇）

*所有人名均为化名；括弧内为没有受访的丈夫或妻子的职业。

第二章 战后香港

不少人总爱歌颂战后香港是个经济奇迹。但这所谓奇迹很大程度上是取决于天时与地利。不可否认，战后香港于短短数十年间的确经历了翻天覆地的变化：由一个小渔村变成一个国际金融中心（cf. Horowitz, 1996）。这本书的被访者正是于这样的一个环境下成长。为了让读者明白被访者年轻时在教育与就业上所遇到可往上爬的机会之社会背景，以及之后他们为子女铺路的社会状况，本章将勾画出战后香港在经济结构上的变迁和教育制度的改变。本章最后一部分提出中国传统家庭的习俗——拜祖先——以带出一些所谓中国文化特有的家庭观念。

就　　业

第二次世界大战后，港英政府奉行"积极不干预"政策，市场经济得以自由发展。经济结构从五十年代由大部分草根劳动工人（如苦力、海员等）所组成，至六十年代的工业主导，演变成七八十年代的服务性行业主导。于此期间，人口普查数据显示，工业所占的劳动人口由六十年代的高于60%，骤降至七八十年代的少于30%。相反，服务性行业所占的劳动人口，则由六十年代的不多于20%，升至七八十年代的30%。其中，专业、管理、行政的所谓中产职位所占的百分比更明显地有三倍以上的升幅（由一九六一年的 8.2% 升至一九九六年的 29.2%）。这种结构上的改变表明，本书的被访者于进入劳动市场时备受经济结构改变的眷顾，有着充裕的中产职业可供他们选择。其实，这样的经济结构改变背后有着两大原因。首先，那时候香港的经济正经历结构转型，外资在港设厂设公司，提供了大量专业及中级管理层的职位。其次，港英殖民政府于六七十年代为了稳定六七暴动后动荡的香港社会，开放了政府中低层的行政职位，让华人能晋身政府的低下管理层（e. g. Carroll, 2007; cf. Faure, 2003）。这两方面的改变改变了就业结构，为当时的毕业生提供了较优厚的中产职业。而本书的被访者正是所谓香港本土的第一代中产人士。

另一点于就业结构上值得我们留意的是，可以从人口普查数据中看到，香港多年来都是中小企业主导的经济体，差不多常有15% 的劳动人口为自雇人士。这现象并不纯粹是由于所谓"中国人向往做老板"那么简单，而是跟香港的政策有着密不可分的关系。如 Chiu（1998）于其《自雇人士研究》一书中指出，大多数被她访问的被访者并非"选择"自雇，认为自雇是一条具吸引力向上爬的渠道；反之，他们是"被迫"自雇，自雇只是比他们现有的低下劳动工作较有吸引力而已。Chiu（1998）更进一步指出五个导致香港长期有约十多个百分比的人口当小老板的结构性因素。第一，跟政府的积极不干预政策呼应，政府对自雇人士并未作出干预。例如：多年来港英政府并未就最低工资、工人退休保障立法。这两项法例都是等到香港回归后二十一世纪才获通过的。第二，七八十年代的香港，工业生产及批发行业的外判工十分蓬勃，只要拥有为数不多的本金，人们便可创业做起自雇人士，或成为聘请几个雇员的小老板。第三，另一条成为小老板的途径就是做些小本经营的零售生意；而要在香港进入这个行业一点都不困难，所需的成本，包括人工、租金、管理知识各方面的成本都极低。第四，由于香港人口密度极高，足以支持小本经营的工业大量运作。这一点在某种程度上亦说明了为何香港能长期支持小贩的经济活动。最后，香港于战后长期就业率高企；这个安全网鼓励了在职人士对晋身自雇阶层跃跃欲试；即使小本经营的生意失败了，之后要再找一份受薪工作并不困难。这种就业结构亦呼应了在这个研究中有差不多三分之一的被访者来自自雇家庭的事实。自雇家庭跟受薪家庭有一重大分别，就是自雇父母可为其子女直接提供就业机会，而受薪父母并不可以。从这个角度上来看，自雇父母的家庭策略可能会跟受薪父母有根本性的分别。

除了这些特点外，值得留意的还有关于两性于劳动市场的参与。战后六十年间，人口普查数据显示，女性于劳动市场的参与度不断增加。由一九六一年的36.8%升至一九九六年的49.3%。这一现象可从劳动人口供求两方面去理解。从劳动力供应方面着手，其一，新一代女性通常接受了更多教育，于劳动市场的竞争力应比她们的母辈较强。其二，战后女性的产婴率不断下降（Leung，1995），显示出新一代女性较其母辈花在生儿育女的时间上大大减少，腾出来的劳动力正可投放到劳动市场去。其三，战后香港亦为女性提供了较以往更多的托儿服务，家务管理亦可聘请外来佣工代劳，这暗示女性较其母辈可投放更多精神和时间到劳动市场去。而从劳动力需求方面来看，当时香港蓬勃的经济发展正需要更多的劳动力；当男性的劳动参与不能满足当时经济发展的需要时，女性的劳动参与当然是不容忽视。而再仔细一看，战后发展得很快的服务性行业多是女性主导的。故此，不难明白为何战后香港对女性于劳动市场的参与是如斯渴求，这些改变亦间接说明了这本书的女性被访者正经历着跟其母辈很不一样的就业模式。

　　值得一提的是，女性有了更多的就业机会并不等同女性所能投身的工作类型比以前的优胜。没错，数字显示，受惠于女性主导的服务性行业上的扩充，多了女性做写字楼的文员，甚或服务性的白领丽人。但是，另一方面，数字亦显示出由六十年代初至九十年代中期，女性跟男性于专业职位上可谓各领风骚；但在管理行政职位上，男性明显地比女性占有相对优势（Westwood et al.，1995）。这一点从某种程度上说明了本书的女性被访者，相对于她们的兄弟或丈夫，于职场上仍处于劣势。总的来说，战后六十多年间，社会为女性提供了更多的就业机会；但女性能否把握这些机遇，很大程度上取决于她们的学历程度，就让我们来看看战后香港教育制度的演变。

教　育

　　即如经济和就业结构于战后有所转变，教育制度于过去数十年也发生了不少变化。先让我描述大部分被访者的子女所经历的教育制度，然后我会补充在过去数十年间制度中所发生的一些改变。

　　首先，本港所有学童六岁开始便要进入小学接受基础教育。一九八三年以前，家长所要做的便是带领子女报读心仪的小学，参与小学各自所设立的入学试。但于一九八三年开始，家长除了自行为子女报读心仪小学，所有学童都要参加由政府统一进行的小一学位分派制度。制度采用计分制，家长可为子女选取一家小学，因应所设的不同原则而有所得分；得分越高，获分派所选小学的机会也越高。以下原则便是可令学童获得最多分数的例子：

学童家庭所居住的区域与所申请的小学相同，学童的兄弟姊妹当时于所申请的小学就读，学童的家长在所申请的小学内工作，以及学童家长是所申请学校的旧生。若学童并未能获派所选小学，便会被随机地派送往任何一间小学就读。

完成了六年小学教育之后，学童便要面对中学学位分派制度。但其实，于一九六二年至一九七七年间，所有小学六年级学生都要参加"中学入学试"；当中要在同一日内，应考中文、英文及数学三个科目。学童所获分数越高，便会有更大机会获派入读所填选的获资助的中学。否则，学童便要自行安排入读要收费的私立中学，或直接投身劳动市场开始就业生涯。"中学入学试"于一九七八年被取消。取而代之的是"中学学位派位制度"：其考核模式包括校内评核试及政府推行的能力评核试，所针对的是语言能力和数学逻辑思考能力。学童被要求填写大约二三十个学校志愿；在评核中所获分数越高，获派前列志愿机会越大。当然，这些政府安排的派位制度并没有完全取代中学自行收生所安排的入学试。但总的来说，中学的派位制度变得越来越统一和制度化。

读毕中学三年，学童便完成了九年的免费及强迫的基础教育。一九九四年前，学童还须参与中三时所举行的淘汰试。这个考试主要包括校内整体评核，以及政府测试学童的中文、英文及数学三方面的能力。被淘汰的学生便要自行安排入读要收费的私立中学或投身劳动市场，只有通过淘汰试才可升读获资助的中四、中五的课程。但中三淘汰试于一九九四年被取消。此后，因政府的资源投入，绝大部分学生可获资助完成五年的中学课程，而读毕中五后参加"香港中学会考"的公开试。这个公开考试的成绩决定了学生能否升读中六、中七的课程，然后参加报读大学的公开试。对有志于入大学读书的学生而言，一九九五年前，他们有两条出路。一是报读投考高级程度会考的一年制的中六课程，然后应考进入香港中文大学；或是报读投考高等程度会考的两年制的中六、中七课程，然后应考进入香港大学。投考高等课程会考的考生亦可利用其成绩分别报读其他大专院校课程。但是，在九十年代中期，政府实施了"大学与理工学院联合招募学生计划"：所有中七学生只需要参与高等程度会考，便可利用同一成绩报读各间大学或理工学院的课程。

上述制度中的演变可谓跟香港战后的迅速发展息息相关。一九九七年回归以后，教育制度仍不断地改变。战前的香港教育极为落伍，政府资助的教育在一九四五年后才获得恢复（Sweeting, 2004）。那时候的教育制度可谓相当精英化；制度的设立其实是为了培养少数的双语精英为外资及政府作沟通桥梁。更正确地说，教育是为殖民地港英政府培养能说英语的华人，以便殖民政府对华人实施有效管治。故此，不难明白，当时英语是享有较高社会地位的语言。其实，能操英语便可享有较优越的社会地位的看法，至今仍没有多大的改变。

而上述教育制度中的变化亦带出了其中与香港经济社会发展的关系。五六十年代的大批难民涌入香港，造成之后对基础教育很大的需求，六七十年代中、小学数目激增，尤其是私立小学的数目。至七十年代中期为止，私立学校提供 15% 的小学学额，以及 70% 的中学学位（Sweeting, 1995）。而当时，为了配合对中小学基础教育的需求，大量的夜校亦应运而生；夜校为在职人士提供了兼读基础课程的机会。继五六十年代小学教育的扩充，及后七八十年代中学教育的迅速发展，九十年代见证了大专高等教育的扩展。这些改变可见证于一九七一年的六年免费强迫教育法，及一九七八年的九年（六年小学和三年初中）免费强迫教育法的通过。到了九十年代，大专高等教育的发展成为香港教育

发展的另一个重要里程碑。从一九六三年前香港只有一间大学
——香港大学——演变成今天共有十七间颁发学位的院校，其中
八间为政府资助的高等学院：一九六三年成立的香港中文大学，
一九九一年成立的香港科技大学，香港理工学院和香港城市理工
学院于一九九三年分别升格成为香港理工大学和香港城市大学，
还有会浸会大学、岭南大学、香港教育学院。除此以外，很多本
港或海外的兼读大学课程为本地人口亦提供了大量接受大学课程
的机会。

　　总的来说，战后见证了教育的两大贡献。第一，免费基础教
育变得普及。这一贡献反映在适龄学童的就学率有所提高：由五
十年代多于40%的学童无法接受教育至一九六八年差不多所有
适龄学童都能在学（Hambro，1955）。第二，教育从精英制度走
向大众化：香港由六十年代的只有一间大学，为4%的人口提供
大专程度的教育，发展到九十年代的多间大学及大专，为
16%—18%的适龄学生提供大专学历（Sweeting，2004）。但值
得一提的是两性在教育表现方面仍有差距。男性整体上仍比女性
学历较高，而且大专程度的差距尤为明显。亦即是说，这本书的
女性被访者，在教育上，相对于她们的兄弟及丈夫而言，仍是处
于劣势。要理解这一现象，除了要了解战后香港在就业及教育方
面的变化外，也不得不参考所谓的传统中国家庭观念。

传统中国家庭观念

　　工业化的香港见证了所谓现代西方价值观念与所谓传统中国
观念的共存。很多学者都认为，要了解香港与西方工业社会之不
同，尤以文化而言，就必须要明白所谓中国传统家庭观念。这些
观念，包括拜祖先，为家庭中成员间的关系提供了指引。这些观

念亦让我们理解为何本书中有些被访者的父母重男轻女。下文总结了 Baker（1979）对这些观念的讨论。

根据传统中国家庭观念，家庭是由男性所延续：儿子将家庭姓氏，通过传宗接代，得以代代相传；故此，儿子对家庭的责任是延续姓氏，继承家族产业，结婚生子祈求要有儿子为家族传承香火。故此，婚姻的规范模式是父系制的；即是说，女性婚后，被期望迁出其家族，住进夫家之中，享有夫家姓氏，与夫家家人同住，并照顾夫家家庭成员，尤其是其父母。一般而言，在西方，家庭为个人提供成长的空间及支持，以致个人成人后能独立成家；与之相比较，中国家庭的个人之存在并非为了其个人独立，而是为了延续其家族。换句话说，个人——尤以男性而言——的存在只是由先人及后人所排列的家族中之其中一点，其家族经由他而存在。故此，一个男人死时没有儿子，便即是将家族由远古先人所延续下来的线切断，其家族亦将随他的死亡而终结。从这个层面上看，一个男人的单独存在对其家族的延续虽则微不足道，但却是必需的。

东西方皆然，当孩子还未长大，未有自理能力，他们会被养育；而当孩子被养育成人后，便会反过来照顾其父母。但在中国社会，这种父母与子女的相互关系及责任正是家庭运作的核心，当儿子的父母变得衰老、虚弱，他当然有责任照顾年老的父母，以报答父母对他的养育之恩。但这反哺的行为对女儿来说却有点不同。女儿要报答的对象并非自己的父母，而是其丈夫的父母。而这种父母与子女互相依赖的关系并不止于父母的百年归老。反之，死去的父母仍有赖儿子年年对他们的拜祭。而死去的父母及祖先则会对在生的子孙之拜祭作出响应，例如，对他们多加庇佑。从历史角度来看，读者便能看出为什么儿子对一个家族是如此重要。这种观念有助我们理解父母对儿子及女儿在接受教育及就业方面的不同看法。对很多上一代的父母来说，儿子便应该有权利享有优先接受教育的机会，因为儿子的教育程度直接影响其事业成就，亦即是整个家族的社会经济地位。儿子的教育及事业成功并非单单是其个人的成就，而是意味着全家（或整个家族）的成就与光荣。相反，女儿的教育与事业成就则与其家族的成就毫无关系；终有一日，女儿要嫁人，服侍夫家，为夫家作出贡献。故此，女儿会被鼓励从婚姻渠道往上爬。而女儿的成就亦只是其夫家的成就，对其娘家一点意义也没有。

当然，社会上存在着不同的家庭观念。而往往理想中的观念与实际上的操作有很大的落差。香港虽被视为工业化的现代社会，但过去也有研究指出香港人仍抱有要服从父母及帮助家人的所谓传统观念（Stoodley, 1967）。故此，要理解本书的被访者作为子女与其父母的互动，以及作为父母与其子女的互动，我们必须要探讨被访者对这些传统观念的看法，以及他们如何演绎这些看法，例如，他们对"天下无不是之父母"，"君要臣死，臣不能不死；父要子亡，子不得不亡"有何看法。指出这些所谓传统中国家庭观念，我并非想辩说这些观念对香港人仍有多大的影响，或香港只有这一套家庭观念。相反，我只是想带出一个讯息：要明白本书一些被访者或其父母的想法或观念，以及他们如何与子女互动，就不得不理解这些传统观念。

小　结

过去六十多年香港经历了工业化，经济起飞，第二产业的扩充及继而萎缩，第三产业的不断扩展。这些经济结构的改变导致劳动市场对人力需求的改变，尤其是对劳动人员的学历要求。教育制度从精英制逐步走向普及化；尤其是大专高等教育方面，由九十年代开始不断地扩充,为更多的本地适龄学童提供了学位课程。面对着工业化、现代化,人们对传统家庭观念的看法也起了些变化。总的来说,战后香港,无论在经济上、劳动市场上,还是在教育上、观念上,也有着或多或少的改变。而这些发展正为本书的被访者的故事提供了历史背景。

第三章　资源与策略

要理解社会流动如何发生，我们不得不着眼于"流动故事"。于第一章，我建议集中点应放在个人及其家庭上，并认为应以家庭为研究单位。我假设个人与其家庭向往较佳的阶级位置，并运用策略以获取他们心目中所认为的较佳阶级位置。"策略"便是这项研究作分析的其中一个重要的概念。但是，能运用策略与否取决于"资源"。"资源"是这项研究另一个重要的概念。社会学家假设不同阶层的家庭在争取不同种类资源的能力上是有差异的（e. g. Treiman and Yip, 1989）。广义来说，资源可分为三种：经济资源（例如不同形式的资本、流动资金、信贷额，等等），文化资源（例如被认可的正式学历、技能，对子女的期望，对社会中的各个制度运作的掌握），社会资源（例如社会网络及联系）。将资源分作三类，并不是说每种资源在社会流动中只会独立地运作。相反，三种资源很可能时常一起运作。或许，每一种资源在社会流动中扮演独特的角色；但这绝非等同于认为某一种资源特别重要。在这个研究中，我们所关心的是，在拥有不同种类资源的前提下，每个家庭究竟会制定出怎样的家庭策略呢？

家庭策略是家庭成员协商过程的结果；故此，家庭策略并非只是家庭中各个成员策略的总和。概括而言，"策略"暗示自主性、理性、抉择、权力、长期视野、锁定目标的意识、计划的制订与实行。而仔细看来，"策略"可分多个维度来分析，例如策略的主意、策略的行动、策略的结果。有些人有很多主意，但从不将其实行；亦有些人将主意实行了，但却不成功。假如人们有主意，将其实行，最后取得成功，我们会很容易从其成功的结果推论出人们的确运用了策略。但可惜的是，绝大多数时候，要从结果推论出人们确有运用策略并非易事；结果可能是一些非企图性的后果，又或是纯粹巧合。故此，在这个研究中，我们的分析并不只会集中于结果，而会着眼于策略的五个维度。第一个维度是目标：家庭策略的目标是什么呢？第二个维度是行动：家庭如何实践策略呢？第三个维度是行动者：哪位家庭成员设计策略，而哪位执行策略呢？第四个维度是权力：是否每位家庭成员都受惠于家庭策略呢？最后，第五个维度是协商：当家庭中有成员的个人策略与家庭策略有所冲突时，家庭成员将如何解决其矛盾呢？这五个维度将引领我们去分析每个流动故事：究竟父母如何利用其不同种类的资源去协助子女经由婚姻或就业领域中去获取一个相对较优势的阶级位置呢？更具体地说，在每一个家庭中，父母究竟为每个子女运用了哪种策略，投放了何种资源呢？简言之，在每一个子女的流动故事中，父母究竟扮演了什么角色呢？

在这个研究中，中产阶级（即专业、管理或行政的工作）被视为较优势的阶级位置。我会集中分析被访者的父母如何协助被访者晋身中产阶级，以及评核他们的父母是否成功达到他们所设的目标。这分析分成两个阶段：第一阶段是，被访者的阶级起步点（反映在其教育程度和第一份职业），重点是分析被访者的父母对他们的教育策略；然后是被访者的现有阶级位置（反映在其现有职业或其配偶的职业），重点是分析被访者的父母对他们的职场策略以及被访者自身的职场策略。

　　根据被访者的论述，我大约区分出四大类的家庭策略：所有子女的发展策略（简称"子女"策略）、家庭基本生存策略（简称"生存"策略）、年幼子女优先发展策略（简称"年幼子女"策略），以及儿子优先发展策略（简称"儿子"策略）。与大部分量化的流动研究对父母的假设相同，使用"子女"策略的父母所关心的是其子女的将来：其目标是协助所有子女向上爬，故此他们为每位子女提供相约的资源，对待所有子女并没有差异。与其相反，使用"生存"策略的父母并不十分关心子女的将来，其目标是保障整个家庭的基本生存。为此，他们会要求子女辍学，并出外工作，尽早赚钱养家。虽然这两类父母的目标不一样，但其相同之处是他们对待每位子女并没有太大分别。与之相比，使用"年幼子女"策略或"儿子"策略的家长对待子女便明显地具选择性。"年幼子女"策略父母之选择性背后的原则是出生次序，其目标是协助他们较年幼的子女向上爬。"儿子"策略父母之选择性背后的原则是性别，尽管子女的出生次序于某些家庭也会有影响，其目标是协助他们的儿子向上爬。

　　或许，我们可以猜测，使用"儿子"策略或"年幼子女"策略的父母之选择性的背后是不同意识形态使然。例如，使用"年幼子女"策略的父母可能信奉长子继承权或幼子继承权（e. g. Burguiere et al. , 1996）。又或者，即使这些父母并没有信奉特定教条，但对年长或年幼的子女所扮演的角色抱有特定的看法，故此对待长幼子女并不一样。同样地，使用"儿子"策略的父母或许持有某种性别意识形态，例如，在第二章中，我已提及所谓传统中国家庭观念。又或者，即使这些父母并非奉行传统观念，但他们可能认为儿子和女儿应扮演不同的社会角色。例如，有些人认为男人应是一家之主，要出外赚钱养家，而女人则应留在家中照顾家人（e. g. Walby, 1990）。然而，除了意识形态,这些父母也可能因应其他理由而对子女作出选择性的对待。例如,家庭在某时期因拥有较多资源,便有可能会投放较多资源在某些子女(年长或年幼)身上(e.g. Powell and Steelman,1990,1993)。同样地,理性计算也可以是导致父母重男轻女的原因。如果父母期望子女成长后要供养他们,基于现有就业市场中男女工资的差距,父母绝对有理由投放更多资源在儿子身上。简言之,不管使用"年幼子女"策略或"儿子"策略的父母偏袒其子女背后的真正原因,事实是他们都选择了投放更多资源在一些特定的子女身上。明白了这些分析流动故事的概念,就让我们先看看被访者作为子女的成长经历吧。

第四章　家庭的教育策略

一般来说，社会流动研究都假设，各个阶级拥有不同类别的资源，而数量上亦有差异，因此某程度上造成阶级在流动后果上的落差。本研究亦作了这个假设去分析被访者的流动故事。优势阶层就资源的种类和数量而言，都较低下阶层多；自雇阶层因做小生意的关系，所拥有的资源的种类可能与受雇的父母有所不同。表4-1总括了来自三个不同阶层的八十六个受访者①的家庭所采用的家庭策略。这一章我将根据分析"策略"的五个维度及资源如何被运用，来讨论每种家庭策略如何在三个不同阶层的家庭中进行。以下的讨论将分成四部分，对四种家庭策略作分析，而每一部分将展示被访者对其自身流动故事的论述。

表4-1　　　　　不同阶层的家庭所采取的家庭策略

家庭策略	优势阶层	自雇阶层	工人阶层	总数
子女策略	15	16	16	47
生存策略	0	3	2	5
年幼子女策略	3	2	8	13
儿子策略	5	8	8	21
总数	23	29	34	86

---

① 三位被访者在成长期没有与家人同住，故此我并不能分析其父母对他们的策略；这一章和下一章的分析不会包括他们的故事。

"子女"策略

　　在八十六位被访者中，四十七位——即过半数——的父母使用了"子女"策略。表4－2总结四十七位被访者的背景资料。这些被访者的父母尽其所能，运用手上可使用的不同资源，务求所有子女都可以留校求学，发挥能力获取其能力所及的学历。接下来，我将会从每个阶层选出三位被访者，以呈现九个流动故事去说明"子女"策略如何在三个不同层阶中进行。

表4－2　父母使用"子女"策略的四十七位受访者之背景资料

受访者	年龄/家中排行	父亲职业	母亲职业	兄弟姊妹数目	家庭背景
区先生	43／第四	测量师	清洁工人	5	优势家庭
戴先生	50／第四	文员	家庭主妇	10	优势家庭
叶太太	48／第二	推销文员	家庭主妇	2	优势家庭
金太太	44／第三	会计人员	公务员	4	优势家庭
关先生	46／第三	酒店领班	清洁工人	5	优势家庭
邝太太	53／第四	教员	不详（离婚）	4	优势家庭
罗太太	47／第五	营业员	家庭主妇	5	优势家庭
雷先生	45／最大	电报员	家庭主妇	5	优势家庭
马先生	41／第二	文员	工厂工人	2	优势家庭
毛先生	46／第八	白领科长	杂货店店主	8	优势家庭
毛太太	46／第二	营业员	家庭主妇	4	优势家庭
白先生	47／最大	文员	家庭主妇	1	优势家庭
白太太	42／第三	企业家	家庭主妇	3	优势家庭
石太太	43／第五	教员	教员	5	优势家庭
董先生	36／第二	教员	教员	1	优势家庭
区太太	41／最大	玻璃匠	家庭主妇	4	自雇家庭
池太太	37／最大	木匠	家庭主妇	1	自雇家庭

续表

受访者	年龄/家中排行	父亲职业	母亲职业	兄弟姊妹数目	家庭背景
赵太太	33 /不适用	商人	家庭主妇	0	自雇家庭
钟先生	54 /第二	农夫	农夫	2	自雇家庭
戴太太	48 /最大	冲印店东主	冲印店东主	3	自雇家庭
叶先生	52 /最大	商人	家庭主妇	5	自雇家庭
金先生	46 /第二	贸易行东主	家庭主妇	1	自雇家庭
龚太太	45 /第四	杂货店店主	杂货店店主	5	自雇家庭
关太太	41 /第六	杂货店店主	杂货店店主	6	自雇家庭
明先生	49 /第三	运输行东主	不适用（去世）	2	自雇家庭
明太太	49 /第三	饭堂东主	饭堂东主	7	自雇家庭
蓝太太	42 /第二	餐厅东主	家庭主妇	2	自雇家庭
柯先生	44 /第四	技术员	家庭主妇	4	自雇家庭
石先生	45 /第四	工厂及贸易行东主	工厂东主	7	自雇家庭
成先生	37 /第二	木匠	家庭主妇	4	自雇家庭
施先生	33 /第二	眼镜店东主	家庭主妇	2	自雇家庭
蔡先生	47 /最大	工厂科长	家庭主妇	4	低下家庭
蔡太太	48 /第二	电车司机	外发工人	5	低下家庭
钟太太	46 /第三	看更	家庭主妇	6	低下家庭
杜太太	50 /最大	货车司机	家庭主妇	7	低下家庭
范太太	39 /最大	工人	家庭主妇	4	低下家庭
龚先生	46 /第二	船坞工人	工厂工人	4	低下家庭
郭先生	45 /最大	售票员	家庭主妇	6	低下家庭
梅先生	43 /最大	工人	家庭主妇	4	低下家庭
蓝先生	42 /最大	维修主任	家庭主妇	4	低下家庭
柯太太	38 /最大	的士司机	家庭主妇	3	低下家庭
彭太太	38 /第十二	不适用（去世）	工厂工人	13	低下家庭
成太太	34 /最大	小型货车司机	家庭主妇	3	低下家庭
施太太	33 /第二	技术员	兼职店员	1	低下家庭
董太太	36 /最大	小巴司机	家庭主妇	3	低下家庭
胡先生	39 /第四	鞋匠	家庭主妇	4	低下家庭
殷太太	48 /最大	的士司机	家庭主妇	3	低下家庭

优势阶层的三位被访者：白先生、雷先生、毛先生

白先生，四十七岁，是家中长子，有一个弟弟。当时他的爸爸在大学里任职文员，妈妈是家庭主妇。对白先生而言，父母对他跟弟弟所运用的教育策略仿佛有点理所当然。

白先生：我想每个父母都一样，都希望子女努力读书，能考入大学，选读有前途的学科。……

访问员：能否说出你父母对你学业上的支持吗？

白先生：中学时，爸爸请了私人补习老师替我补习，期望我的成绩有所改善。…… 中三时要为中四选科，爸爸当时跟我分析选读理科的好处。他说，我若选理科，可在大学时有更多的选择。……后来，我没有考上香港的大学，其实当时只有两间大学，爸爸便送我到英国留学。而当时究竟选不选电机工程，爸爸也给了我意见。但大致上来说，他对我的帮助并不很多，仅仅是为我聘请补习老师和在选科上给我一点意见而已，其他的事，我都是靠自己。

跟白先生一样，雷先生也是家中长子，四十五岁，有四个弟妹，爸爸是电报员，妈妈是家庭主妇。与白先生一样，雷先生也觉得其父亲对他的支持是理所当然的。雷先生轻描淡写地回忆起父母怎样跟一般父母一样送子女到所谓名校就读。而雷先生也仿佛忘记了，在五六十年代的香港，绝大部分人只有中小学学历的这个事实，并以说笑的口吻指出他父亲能操一口流利的英语。

雷先生：我爸爸跟一般父母都一样，有望子成龙的心态。故此，他送了我和弟妹入读了所谓名校。……而这些学校又真的能训练我们，令我们能说流利的英语。不过，我们兄弟姊妹常在家庭聚会时吹捧父亲，指出我们任何一个的英语都不能与他相比。要知道，他是个电报员，我们怎能与其流利的英语相比呢？……

访问员：能说出你父母对你学业上的支持吗？

雷先生：其实也没有什么特别之处，就是他为我们供书教学。我跟我弟妹都是出色的学生，因此我爸爸并不需要照顾我们的学业。例如，我最小的妹妹，她常常名列前茅，而且考进了一家有名的女子中学。因此，我父亲并不需要为我们的学业忧心。我们并没有要求他请补习老师帮助我们改善学业。所以，跟所有人一样，我们作为子女的只是把书读好，很自然地升上中学，然后读大专，跟着工作，就是这么简单。跟现在的学生不同，我们并没有参加什么课外活动、兴趣班。

与白先生和雷先生一样，毛先生也是来自优势阶层，父亲是政府部门的白领主管，而母亲则经营一间小杂货店。毛先生四十六岁，家中有九个兄弟姊妹，排行第八。与白先生和雷先生相比，毛先生似乎意识到那个年代香港的教育并未普及的一面。

毛先生：那时的香港社会比较贫穷，教育也没有现在普及。例如，我的大家姐，当时考进了香港大学。港大是当时唯一的大学，在那儿读书的学生都是非富则贵的。港大并没有设奖学金。以我父母当时的收入，根本供不起大家姐入读香港大学。所以，之后，大家姐选报了一些有提供奖学金的海外大学。最后，她考进了美国一所大学并获得奖学金。我记得，当时我父母只能为她提供机票而已。……要知道，当时教育是收费的，而且并不普及，大学教育就更加不用说了。我后来考入了大学，虽然并不容易，但境况已比大家姐的好。后来，我大学毕业后，工作了一年，有了储蓄，飞往澳洲继续进修。

总的来说，优势阶层的被访者大都不认为他们得到父母的什么支持。相反，他们大多觉得父母供他们读书有点理所当然。与其他两个阶层相比，他们这种想当然的态度就更为突出。

自雇阶层的三位被访者：蓝太太、钟先生、区太太

自雇阶层分两种：一种是营运自己的生意，有些可能聘用一两位雇员（即伙计）；另一种是自雇的小贩或工匠。前者的经济情况往往较后者优胜。可预见的是前者较后者更能为子女提供教育上所需的资源。蓝太太便是其中一个明显的例子。蓝太太，四十二岁，家中三名孩子中排中间。父亲是一家西餐厅的东主，妈妈是家庭主妇。蓝太太跟以上两位优势阶层被访者相同之处，便是她也认为爸爸为她学业上所做的有点理所当然。她会强调她为自己的子女所做的比她爸爸为她所做的更多。

蓝太太：我每天也为子女检查功课，并给他们安排课外活动。我爸爸其实并没有为我们做些什么，正如其他父母一样，只供我上学读书。虽说教育并非免费，但收费并不高。……我记得我恳求爸爸让我学跳中国舞，但他说那是不必要的活动，认为这些课外活动跟学习和学业无关。……那个时代的父母就是那样子，并不如我们那样重视子女的课外活动。

对蓝太太而言，供她上学的费用并不足以令她感受到其父亲对其教育的支持。可能没有比较，蓝太太并没有察觉到很多与她同龄孩子的父母并不能负担子女教育的费用。相反钟先生因家庭发生的巨变，明白到幸福并非必然。

钟先生：我爸爸是三四十年代的警官，在当时的香港可算是高收入的一群。而且他也是我们那个村的村长。我记得，因为他是村长的缘故，哥哥和我都靠他的关系被送进了村中最好的学校。爸爸很有钱，开了很多店，例如金铺、茶餐厅、杂货店等。他也有在村里买田买地，建了很多房子。可是，他并不会做生意，而且他根本没有时间亲自打理生意，只靠所谓的朋友替他管理。但他遇人不淑。到我快要上中学时，爸爸的生意和店铺已一一倒闭，只剩下村里的一块瘦田和一间小屋子。最初，他还可以请一两个工人耕那块地，但是，最后他和妈妈请不起工人，要亲自在田里工作。可能他不习惯这样操劳，爸爸在我初中时便挨不住，与世长辞了。哥哥也只好被迫完成中五后出来工作。我并不想只有中学的程度，便与妈妈和哥哥商量，请他们撑着。……终于，我考上了香港中文大学，成为它第一届的学生。其实当时妈妈和哥哥并不能供我入读中大。……我跟他们商量，请求他们免了我养家的责任，而我会为自己的学费和住宿费想办法。……当时我替人家作补习老师，节衣缩食地完成了四年大学的课程。

钟先生，五十四岁，家中三个子女中的老二，小时候家庭极为富裕，因家道中落，经历巨变，明白了家庭对他教育的支持并非必然。就算他能考进大学，亦要靠自己兼职工作才能筹足学费、住宿费和生活费。可能在经济拮据的环境下，人才能体会到教育经费一分一毫得来并不容易，就如区太太的叙述。区太太，四十一岁，有一个弟弟，爸爸是烧玻璃的工匠，妈妈是家庭主妇。可能因家庭并不富裕，而且见到很多同龄人的遭遇，区太太很感激父亲对她教育的重视。

区太太：我爸爸从早到晚不停地烧玻璃，也只能赚取数目有限的收入，令家人得到温饱。但他从来没有要求我辍学到工厂打工。其实，当时香港很多家庭很穷，住在附近的同龄女孩子，大多在十二三岁便辍学，跑到工厂当工人为家庭帮补生计。我爸爸大可以这样做，但是他并没有。相反，他常常鼓励我努力向上。……我觉得爸爸重视我们的教育。例如，弟弟会考失败了，爸爸还是鼓励他，并叫他重读重考。在那个时代，并不是每个父母都愿意作出这种经济上的牺牲。

简言之，经济较差的自雇阶层的被访者明白父母对他们教育上的支持并非理所当然。他们多会提到当时大部分适龄学童没有接受教育的机会,并指出当时的常态是很多父母让十二三岁的青少年辍学到工厂打工。

低下阶层的三位被访者:钟太太、蔡太太、杜太太

与以上两位自雇阶层的被访者一样,钟太太感激父亲为她和兄弟姊妹所做的一切。钟太太,四十六岁,家中六个孩子中排第三,爸爸是看更,妈妈是家庭主妇。从前她爸爸是替国民党从事文职工作的。但内战爆发后逃往香港,因其学历不被港英政府承认,她爸爸唯有从事一些劳力工作以养活一家八口。

钟太太:我爸爸常常强调我们要学好英语,否则要想在香港找到一份理想工作会相当困难。他常以自己作为例子,因不懂英语,并不能在香港从事文书的工作。……他很重视我们的教育。例如,他会请半天假,牺牲对我们来说很重要的半天工资,为的只是带我妹妹到一家中学进行入学面试。这个例子反映出他对子女教育的重视程度。

正如钟太太所指出的,经济收入对低下阶层可谓生死攸关,故此,想要继续接受教育,被访者都要想方设法为家庭增加收入。蔡太太与兄弟姊妹的分工便是其中一例。蔡太太,四十八岁,家中五兄弟姊妹中的老二。爸爸是电车司机,妈妈是外发工人。为帮补家计,妈妈常到工厂取外发工作回家,让孩子帮着做;蔡太太身为老二,便会肩负起做外工和家务的责任,与大姐及老三分担工作,以求减轻妈妈的家务负担,又能增加家庭收入。

蔡太太:其实,那时香港谁家没有做过外发工呢?当时,香港工业十分发达,各式各样的外发工,我与兄弟姊妹都做过,例如穿胶花、穿珠子、剪线头,等等。在家里,我跟大家姐会轮流

做家务和负责给全家做饭。我们总会留一份放在厅里让爸爸放工回来吃。年纪较小的弟妹就做较简单的工序。就这样地分工合作，家中没有要求任何一个子女放弃学业。

能否继续留校就读并非单单是成绩的问题，对低下阶层来说，经济收入起了决定作用。考虑到经济因素，杜太太详细地解释她升学的安排。杜太太，五十岁，家中七个孩子中的老大，爸爸是货车司机，妈妈是家庭主妇。

杜太太：我没通过升中试。……我们那个年代并没有九年免费教育。不过，即使我通过了升中试考上了中学，我也是要缴交学费的。要不，我要成绩十分出色才可获减免学费。……我听说与我小学有联系的官立中学的学费十分便宜。于是，重考升中试时，在选校纸上我只填上那家学校作为我唯一的选择。……那是唯一一间我的家庭可以负担的学校；不成功的话，我便只好读夜校了。

总的说来，低下阶层的被访者，因家庭经济并不充裕，往往他们都要为糊口而担心。故此，即使他们的父母只为他们提供十分有限的支持，被访者都有很深刻的体会。而为了可以继续学业，被访者则要各出其谋，悉心筹划自己的将来，例如，只选择报考那些家庭可负担得起学费的中学。

小结

跟西方文献所报告的一样，使用"子女"策略的父母的目标都是希望子女学业有所成就。所不同的是，可能碍于香港四十至六十年代时，教育并非免费，大约只有四成的适龄学童入学就读（Hambro, 1955），所以大部分被访者的父母只单单利用经济资源替子女交学费，而并未如西方父母那样运用文化及社会资源为子女学业铺路。而这种所谓有限的支持对低下阶层来说，甚至有些自雇阶层而言，已经是很了不起的支持了。在使用"子女"
策略的家庭中，行动者往往是父母，为子女提供资源以求子女可
接受更多或更高程度的教育。阶级效应并不难发现。除了为子女
的基础教育缴交学费外，优势阶层的父母有能力为子女聘请补习
老师，提供选科意见，甚至送子女出国接受大学教育；相反，低
下阶层的父母就连为子女的基础教育缴交学费也要出尽九牛二虎
之力才能应付过来。这亦可解释低下阶层的被访者较优势阶层的
被访者更会感激父母为他们的教育所做的一切。至于权力与协商
的维度方面，家庭中的角力往往是父母与学业成绩较差的子女之
间的冲突。有些被访者指出，他们那些成绩较差的兄弟姊妹并不
想重读，因此会为了重读与否跟父母争执，但更多的家庭是各位
成员互相体谅并分工合作以致全部子女至少也能完成中五程度的
教育。

"生存"策略

在八十六位被访者当中，只有五位的父母使用"生存"策
略。其背景资料列于表 4 - 3。值得留意的是，没有优势阶层的
父母使用"生存"策略。这印证了一般社会流动研究的假设：
优势阶层一般物质上较丰裕，故此他们并不只求生存那么简单。
而这项研究中的五个使用"生存"策略家庭的父母，因经济拮
据，想方设法也只是为求家庭成员得以温饱。其经济状况根本不
允许他们为子女提供教育。相反，这些父母其实极需要子女出来
工作赚钱养家。就让我展现运用这种策略的四个故事。

表4-3　　父母使用"生存"策略的五位受访者之背景资料

受访者	年龄/家中排行	父亲职业	母亲职业	兄弟姊妹数目	家庭背景
夏太太	36/第三	小贩	不适用（去世）	3	自雇家庭
宋太太	36/第四	小贩	小贩	5	自雇家庭
唐先生	50/最大	酒家东主	工厂工人	1	自雇家庭
查太太	42/最大	海员	家庭主妇	1	低下家庭
雷太太	46/最大	海员	家庭主妇	2	低下家庭

被迫顺应父母的要求：夏太太、查太太

夏太太与查太太都是被她们父母所逼而辍学的。夏太太，三十六岁，家中四个孩子中排第三。父亲是卖菜的小贩，母亲早已逝世。家中兄弟姊妹最后都成了贩卖菜肉的小贩。

访问员：为什么读到中二便辍学呢？

夏太太：我不太爱读书。中学阶段，努力了两年，但考试时，英文常"肥佬"，而其他科目只属一般。加上，父亲常要我到他的菜档干活。基本上，中一和中二这两年绝大部分时间我都在菜档工作而荒废学业。

访问员：你爸爸对于你中二辍学有何反应呢？

夏太太：辍学是他的意思。他要我在菜档工作。

访问员：为什么他会要你辍学呢？

夏太太：他常说我们并不需要读很多书，只要我们肯做，我们便能糊口生存。

访问员：他有否也叫你的兄弟辍学呢？

夏太太：有。他要我最小的弟弟小学毕业后到菜档工作。

跟夏太太一样，查太太也是被要求辍学。查太太，四十二岁，长女，有一个弟弟。父亲是海员，母亲体弱多病，经常卧床。

查太太:爸爸因经济问题,负担不了我们的生活费和妈妈的医药费,中二那年的情况特别差。中一开始时,他已要求我辍学,留在家中照顾妈妈。我乞求他好歹也让我完成这一年的课程。他心软了,让我多读了一年。可惜不久他便失业了,于是他决定要我跟妈妈迁往大陆老家,好节省他的开支。即使我苦苦哀求都没有用了。当时,因我成绩好的关系,考进了一所有名的女子中学。可惜,我家的情况实在是捉襟见肘,最后在中二学年结束前一个月,他要我退学。我为此哭了很久很久。

骤眼看,夏太太和查太太的经历似乎支持西方学者对低下阶层的看法:低下阶层的父母并不看重子女学业(cf. Devine,1998)。但认真想来,其实她们的故事只是说明了低下阶层的父母因资源匮乏而被迫牺牲子女的教育而已。对这些父母来说,当两餐温饱也得不到保障时,子女的教育根本是奢侈品;相反,要子女帮忙干活,以及要子女节省教育开支,则绝对是合情合理的要求。

为了理想与父母冲突:宋太太、雷太太

然而,面对父母为求生存而牺牲自己学业前途的要求,被访者的反应并非一面倒地顺从。宋太太和雷太太便为着学业而跟父母作了长期抗争。宋太太,三十六岁,家中五个孩子中排第四。父母是卖鱼的小贩,为了减轻工作负担,父母要求宋太太放学后到鱼档帮忙。跟夏太太一样,宋太太也因家庭经济关系而没有时间兼顾学业。但宋太太本身对学业充满兴趣,认为中学课程只是基础教育,对高等教育有着很大的憧憬。故此,为了自己的理想,她与父母时有冲突。尤其是当她中五会考失败,期望父母能支持她重读时,她与父母的争执更达至白热化的境地。

宋太太:我乞求父母支持我重读中五,但他们认为我没有能力过关，故此拒绝支持，并批评我在浪费时间。但我并未就此屈服。我拒绝再到鱼档工作，并以自修生身份重读中五。白天便在家温习，然后替人家当补习老师养活自己。

跟宋太太一样，雷太太也是千万个不愿意早早辍学。雷太太，四十六岁，家中长女，有两个弟弟。父亲是海员，母亲是家庭主妇。因家境问题，雷太太的妈妈自她小学二年级开始，便年年都问她何时辍学。但因雷太太成绩极为突出的关系，年年领到奖学金而得以继续学业。到升中时，她妈妈要求她辍学到工厂打工。她哭着乞求她妈妈让她升读中学，但她妈妈以经济为由，断然拒绝。最后，在雷太太的英文老师出面帮助下，雷太太获得奖学金升读一所不错的中学。她妈妈才答允让她完成初中课程。到完成初中学业时，雷太太又再次因成绩关系，得到奖学金而能够升读高中。不过中五时，雷太太因经济关系，加上当时考进大学的机会微乎其微，因此她并没有选择升读中六修读预备考进大学的课程，而是选择入读师范。

雷太太：妈妈每年的催迫，其实对我造成不小压力。每年都要过五关斩六将似的才可以继续留在学校读书。但是皇天不负有心人，每年我都侥幸获得奖学金。我便会哄骗妈妈说，如果她让我多读一点书，将来我便可多赚一点钱，亦可对家庭贡献多一点。……不过到了中五会考时，我也不得不现实地盘算，是否要升中六去考高等程度会考。说真的，我并没有很大的把握可以考入香港大学。所以，最后我选择了报读师范。考进了，每月又有津贴。我将津贴全数交给妈妈。不过，她仍不时问我到底何时才正式出来工作，赚钱养家。跟今天的世代相比，我想我们那个世代真的比较辛苦。

小结

对使用"生存"策略的家长而言，眼前的经济困难实在是极具迫切性。要解他们的燃眉之急，子女的教育与长远发展根本是遥不可及的奢侈品。虽然这四则故事并未能解决我们对弱势阶层父母是否不看重子女教育的疑惑，但至少这四则故事确实反映了父母只因经济拮据才对子女的教育持负面态度。与一般认知相反，使用"生存"策略的父母并没有投入资源为子女的学业作安排，为子女的将来铺路；相反，他们将子女视为他们可用的资源，通过牺牲子女教育，劝说子女赚钱养家，以养活整个家庭。从这种意义上来看，父母的确可被视为子女教育上的障碍。要得以继续学业，子女的首要任务便是要说服自己的父母让他们支持自己的学业。当然，学业上表现出色的子女会有较大的机会赢得父母的经济支持。但是，学业出色只是必需条件而已。最终，能否继续学业完全取决于父母当时的经济状况。故此，较有保证的做法是获取外来的经济支持，例如奖学金。简言之，这个类别的被访者或其兄弟姊妹可以完成中五或以上的课程，可以说完全是在他们父母的意料之外。

"年幼子女"策略

中国民间流传着一种想法，就是父母多偏袒于最小的子女。在这一研究中，十三位被访者的父母对待年长与年幼的子女也有差异。被访者的资料见表 4 - 4。使用上述两种策略的父母并没有随着时间而改变其目标。与之相比，使用"年幼子女"策略的父母在不同阶段转变了其目标。早期，这些家庭因要养活为数不少的子女（比较表 4 - 4 与表 4 - 2 或表 4 - 3 子女数目）而经济较为拮据；其目标只是为求保障家中大小能得到温饱。故此，年长的子女多被要求辍学，继而出外工作赚钱养家。但是，到后期，因年长子女对家庭作出的经济贡献，这些家庭便没有要求年幼子女辍学工作。相反，父母都会看重年幼子女的教育，以下就让我呈现其中三个故事。

表4-4　　父母使用"年幼子女"策略的十三位受访者之背景资料

受访者	年龄/家中排行	父亲职业	母亲职业	兄弟姊妹数目	家庭背景
夏先生	36/第五	买办	家庭主妇	4	优势家庭
唐先生	43/第三	营业员	家庭主妇	2	优势家庭
尹先生	55/最大	推销员	家庭主妇	12	优势家庭
赵先生	38/第五	小贩	小贩	6	自雇家庭
利太太	35/第八	小贩	家庭主妇	7	自雇家庭
池先生	40/第五	苦力	家庭主妇	4	低下家庭
利先生	34/第七	杂工	家庭主妇	6	低下家庭
陆先生	45/第三	海员	外发工人	4	低下家庭
马太太	39/第二	点心师傅	清洁工人	4	低下家庭
梅太太	42/第三	腊肠师傅	家庭主妇	5	低下家庭
彭先生	39/最大	点心师傅	家庭主妇	2	低下家庭
宋先生	39/第三	建筑工人	清洁工人	3	低下家庭
严太太	35/第六	工厂工人	家庭主妇	10	低下家庭

被牺牲的长子长女

在这些大家庭中，最年长的子女往往有很大机会年纪轻轻便要投身社会工作。即使父母收入不算低，但因家庭人口众多的关系，尹先生亦没有例外。尹先生，五十五岁，长子，有十二个弟妹，爸爸是推销员，母亲是家庭主妇。

访问员：为什么你完成小学便做学徒呢？

尹先生：你怎能期望我爸爸支持我继续进修呢？他要供养两位太太和十三个子女。即使他是个推销员，收入相对较高亦较稳定，但要他支持所有子女在学的确有点困难。故此，我爸爸很高兴见到我自告奋勇，决定小学毕业后便加入学徒的行列。

与最年长的子女相比，最年幼的有最大的机会可以继续学业。事实上，在这些家庭中，最年幼的子女往往是学历最高的一群。利太太便是其中一例。利太太，三十五岁，家中八个子女中排行最小。她爸爸是卖帽子的小贩，妈妈是家庭主妇。以她爸爸的工作，收入微薄且不稳定。但因为她最年幼的关系，利太太受惠于较年长的兄姊对家庭的经济贡献，不单不用为经济问题而面临辍学的危机，而且还可顺利完成中学课程。事实上，利太太的家人都为她能完成中七，并获得师范文凭而感到骄傲。

牺牲何时了？

其实要区分"生存"策略与"年幼子女"策略并不容易，其界线可以很模糊。以宋先生为例。他在家中四个孩子中排行第三，后父是地盘工人，母亲是清洁工人。因经济关系，他两个姐姐都在小学毕业后到工厂当女工。即使得到她们每月的经济贡献，但仍不能令全家得到温饱。故此，当他的二姐要结婚时，便与他商讨家庭将来的经济安排。

宋先生：我家一直好穷，踏入中学，我便要半工读，每天放学后要在学校饭堂洗碗。十五岁那年，我二家姐准备结婚。她说，婚后，她将不能负担起养家的责任，要我背上那个担子。我便跟她商量，请她等我完成中三后才结婚。跟二家姐一样，大家姐都是一早便嫁了，嫁了以后便没有再养家。当时，我最小的弟弟还在念小学，而我的继父和母亲亦年纪渐大，故此，很自然地，养家的重担便落在我的肩上。于是，我便决定中三后出来全职工作。

从以上故事可见，使用"年幼子女"策略的父母对待年长与年幼的子女有所不同，并非因为他们奉行与子女出生次序有关的意识形态，而是出于经济的考虑。在这些家庭中，其实争执并不常出现。较年长的子女对其父母的要求比较顺从，认为家庭有经济困难，作为较年长的子女要出手相助是合乎常理的，没有对父母或年幼的弟妹有任何埋怨。某种程度上，他们的反应反映出年长子女对家庭的责任感；当中，也隐含了他们身为经济较拮据家庭中的年长子女的无奈与无力感。由于辍学是出于经济考虑，故此有些年长的子女亦有与父母商讨半工读的安排。换句话说，有些子女希望能与父母寻求共识，为家庭作出经济奉献的同时，子女亦希望为自己将来铺路。当时最常见的做法就是让年长子女日间工作，晚上到夜校进修。

小结

无论哪个阶层，子女的数目都会对家庭经济造成一定压力。在这种压力下，父母唯有求救于年长的子女，期望他们早点出来参加工作，能减轻他们的经济负担。故此，使用"年幼子女"策略的父母选择牺牲年长子女的学业并非某种意识形态使然，亦并非因为偏袒最年幼的子女，而是纯粹出于经济上的考虑。

某种程度上来说，跟使用"生存"策略的父母相比，使用"年幼子女"策略的父母并没有根本性的不同。其不同可能在于后者在经济上可容许与子女协商，作出妥协，例如让年长子女工作的同时，仍可在晚上到夜校进修。而子女方面，对父母的决定，亦没有太大的反弹或对抗，一种无奈地接受自己身为年长子女的义务或责任感让他们默默成了家庭存活的推手。年长子女默默的牺牲亦造就了他们年幼的弟妹能追求较高的学历。这些故事似乎呼应了西方的一些研究发现,认为家庭各成员往往共同地成就了最年幼儿子卓越的学术成就(e.g. Elliott, 1997)。就个人事业成就而言,此类别的父母可被视为年长子女往上爬的绊脚石,但却是年幼子女社会流动中的推动器。

"儿子"策略

跟使用"年幼子女"策略的父母一样,使用"儿子"策略的父母对待子女也是具选择性的:他们对待儿子与女儿有着天壤之别。在这一研究中,二十一位被访者的父母正采用这种策略。被访者的背景数据参见表 4 - 5。读者可能怀疑这个类别的父母跟用"年幼子女"策略的父母一样,对待子女有别是出于经济考虑。但只要再仔细研究这些被访者的访谈内容,不难发现这些父母偏袒儿子不单单是出于经济的考虑,更多的是他们对儿子跟女儿在家庭中或将来所担当的角色有着特定的看法。这正是我们第二章所提及的所谓传统中国家庭观念。父母认为儿子是家庭的继承人,他的成就为家庭带来荣耀;而且他将肩负起养活妻儿的责任,以及成为他们年老时的照顾者,故此,儿子应获得较优厚的待遇以求得他能在学业上,继而事业上有所成就。与之相比,父母认为女儿将是人家的媳妇,她的成就与家庭无关,女儿将是被丈夫照顾的妻子,而且并不会在他们年老时照顾他们,因此,女儿在家庭中处于次要位置,无论学业上或事业上能否有所成就并不重要,重要的是她能以婚姻途径往上攀爬;所谓"嫁"个好老公便应是她的人生目标。以下我们便要看看三个不同阶层的父母如何进行"儿子"策略。

表 4–5 父母使用"儿子"策略的二十一位受访者之背景资料

受访者	年龄/家中排行	父亲职业	母亲职业	兄弟姊妹数目	家庭背景
钱先生	48 /第二	调酒师	家庭主妇	5	优势家庭
范先生	38 /第五	营业员	家庭主妇	7	优势家庭
郭太太	45 /第二	买办	家庭主妇	4	优势家庭
龙先生	59 /第七	小学校长	家庭主妇	6	优势家庭
任太太	50 /第四	企业家	商人	11	优势家庭
查先生	56 /第二	商人	家庭主妇	8	自雇家庭
杜先生	50 /第四	火机维修员	家庭主妇	6	自雇家庭
邝先生	53 /第三	餐厅东主/农夫	农夫	3	自雇家庭
陆太太	44 /第三	杂货店店主	家庭主妇	3	自雇家庭
龙太太	51 /第四	商人	家庭主妇	5	自雇家庭
苏先生	49 /第六（生母的大儿子；生母为妾侍）	木匠	家庭主妇	7	自雇家庭
苏太太	48 /第二（生母的二女儿；生母为妾侍）	工厂东主	家庭主妇	4	自雇家庭
余先生	56 /第五	跌打师傅	家庭主妇	10	自雇家庭
方先生	45 /第九	工人	家庭主妇	8	低下家庭
方太太	39 /第四	科长	家庭主妇	5	低下家庭
刘先生	51 /第三	团长	家庭主妇	9	低下家庭
刘太太	46 /第四	不适用（去世）	家庭佣工	3	低下家庭
罗先生	51 /第二	仓务主管	家庭主妇	6	低下家庭
邓太太	42 /第三	工厂工人	家庭主妇	5	低下家庭
谢太太	49 /第二	清洁工人	清洁工人	5	低下家庭
华先生	46 /第二	海员	家庭主妇	3	低下家庭

低下阶层：女儿成为工厂女工

当然，资源是重要的考虑，尤其是对低下阶层的女儿而言。罗先生的三妹便是一例。罗先生，五十一岁，家中六个孩子中排第二。他的三妹便是因为家庭经济拮据而被迫小学毕业后到工厂打工。可是,如果罗先生的爸爸要求孩子辍学真的纯粹出于经济上的考虑,他便应该跟使用"年幼子女"策略的父母一样,要求罗先生的大哥或罗先生辍学工作,而不是只要求家中排第三的长女辍学。由此可见,罗先生的爸爸所考虑的并不单单是经济问题。邓太太的故事更再次印证我的看法。邓太太,四十二岁,家中五个孩子中排第三。爸爸是工厂工人,妈妈是家庭主妇。

邓太太:我的家一直很穷,一家七口只靠爸爸在印刷厂打工的微薄收入过活。直至我大家姐小学毕业,那年她十三岁,爸爸介绍她到一家印刷厂工作。其实,她考升中试时是考到中学学位的,只因当时经济太困难,只好牺牲她的学业,出来打工减轻爸爸的负担。她根本没有跟爸爸争论的余地。……之后,到我考升中试,我也考到学位。一心以为我可以跟二哥一样升读中学,但妈妈拒绝给我只不过是几块钱的注册费。我很不甘心,便跟妈妈理论。我问她为什么二哥可以读中学,她说正因为要供二哥读中学,我便要出来打工。她的理由很简单,我是女儿,将来有人养;但二哥是男人,将来要成家立业,要养妻活儿,所以,二哥比我更需要较高的学历。……我根本说不过妈妈,只好乖乖到工厂打工,赚钱养家。

跟邓太太一样,谢太太虽排第二,但因是家中长女的缘故,小学毕业后,便要出来打工供养大哥继续升学。不过,与邓太太不同,谢太太根本不喜欢读书,故此,她对父母要求她辍学的反应并没有邓太太那么大,并理所当然地接受了。

自雇阶层:婚姻才是女儿的出路

如前所述,有些自雇的父母因做生意的关系,可能会对儿子和女儿在家庭中所扮演的角色有一套特定的看法。在这一研究中，余先生的爸爸和邝先生的爸爸不单对儿子和女儿，甚至对不同出生次序的儿子也有不同的安排。余先生，五十六岁，在家中十一个孩子中排第五，爸爸是跌打师傅。余先生的爸爸认为女儿最多只可读至小学毕业，之后便应留在家中等待出嫁。故此，余先生的六个姊妹都只有小学的程度，毕业后便留在家中。他爸爸认为儿子应为事业打算，所以至少要完成九年基础教育，故此，余先生跟他的兄弟完成了至少中学课程。而且，因他的爸爸期望，其中一位儿子能继承他的家族事业，接手掌管跌打铺的生意，所以，他教授了其中一个儿子跌打技术。跟余先生的爸爸一样，邝先生的爸爸对子女的角色也有一套看法。邝先生，五十三岁，家中排第三，有一个哥哥，一个姐姐，一个弟弟。父亲在新界有块田，之后移民英国开设餐馆。在他眼中，女儿不需要什么教育，只要努力耕田做活，将来嫁给同村人替丈夫打理田地。长子亦不需要什么教育，因为他将会继承祖业，打理新界的田地和英国的餐馆。相反，其他儿子应接受高等教育，将来可成为专业人士。故此，邝先生的大哥和二姐只完成小学课程。之后，大哥被送往英国，在爸爸的餐馆中当学徒；而邝先生和弟弟则被鼓励努力读书，在港完成中学课程后，相继被送往英国的大学继续进修。

　　不过，并不是所有自雇阶层都拥有规模相当的小生意可让儿子继承：有些父亲并不想儿子继承父业；而有些自雇技术员根本没有父业可让儿子继承。但相同的是，这些父亲都认为学业并不是为女儿而设的。查先生的父亲因当时越南政局不稳，并不想让子女留在越南。查先生是家中长子，自然地，中学毕业后爸爸便送他到台湾读大学。与查先生的爸爸不同，杜先生的爸爸在新加坡只是一位自雇的钟表修理员，他并没有家族生意可让儿子继承。但与查先生的爸爸相同，他对儿子的教育都十分重视。

杜先生：所有父母都抱有望子成龙的心态。当时，在新加坡所有学校只用一种语言上课。我爸爸希望我们兄弟可学懂中英双语，于是便送我们上两所中学读书：上午的一间用英文，下午的一间用普通话。我们三兄弟都有两套校服、书包、用具。每天中午，妈妈便会为我们送午饭，以及帮我们替换校服和书包用具。

访问员：你的三个姐妹呢？

杜先生：只有儿子才有这种特别的待遇。当时，就算父母对子女有极高期望，通常都不会这样对待女儿。

这种特殊待遇在儿子看来是父母进步的表现，表示他们关心子女学业。但在女儿看来则是一种性别歧视，是一种落伍的表现。陆太太就是其中一位心怀不忿的女儿。陆太太，四十四岁，家中六个孩子中的老三，父亲是经营店铺的小商人，妈妈是家庭主妇。

陆太太：我家算是富裕，但父母并非饱读诗书之人。女儿在家中是没有地位的。如果你是儿子，想读大学绝对不是问题；但女儿最多只可读至中学毕业。……

访问员：但你可到师范修读教育文凭？

陆太太：那是因为我乞求爸爸……我大家姐就没有我好运。因为她会考不及格，连乞求的资格都没有。

访问员：她有要求重读吗？

陆太太：有，但我父母不准许。最后，妈妈建议她在夜校重读。……我爸爸坚决拒绝让她在日校重读中五。他很传统。我可以求他，因为我会考及格。但你看他强迫我二哥重读中五。其实二哥千万个不愿意。我想，如果二哥首肯，爸爸会送他出国。……我父母对女儿完全没有期望。但就强烈要求我最小的两个弟弟入读港大医学院。……我并不觉得我父母关心女儿。他们认为他们已经对我非常好，让我到师范继续读书。

优势阶层：女儿是大家闺秀

如果说自雇阶层的父母的做法让女儿明白到的是，她们得不到兄弟们的特殊待遇，别无其他原因纯粹是她们的性别而已，那么优势阶层的父母的做法就更加明显。龙先生为他爸爸的做法而十分自豪。龙先生，五十九岁，家中七个孩子中排行最小。父亲是小学校长，母亲是家庭主妇。

龙先生：你要知道我们书香世家……我五个家姐当然要留在家中。小学毕业后，怎可以出外抛头露面。我们代代文人，怎可以让家中女儿出外，当然要三步不出闺门，直至出嫁为止。

任太太的父亲则相对地没有那么传统，认为未嫁的女儿应留在家中。任太太，五十岁，家中十二个孩子中排行第四。虽然她的父母较开明，认为大家闺秀也要知书识礼，同时亦有能力为十二个孩子供书教学，但父母认为女儿完成中五学历便十分足够，而儿子则要上大学。

任太太：我父母认为女儿是泼出去的水，完成中学便够，最终都要离家出嫁，是嫁出去的。女儿读越多书，受益的只是她的夫家。……所以，即使我三哥不是读书的材料，我父母亦在他完成中二后便送他到英国读书。他在香港读得不好，我父母希望他到英国后，情况会有好转。虽说他们重男轻女，不过，其实我十分明白他们这种传统的心态。

小结

父母使用"儿子"策略的女儿所经历的，与学者 Salaff（1981）报告香港七十年代工人阶级的女儿的经验互相呼应：在那个时代，女儿被要求辍学，然后到工厂打工，好让父母能供她们的兄弟继续进修，以获得较高的学历。这种做法很大程度上是出于经济考虑;这个研究中的低下阶层的女儿亦有相似的遭遇。
但 Salaff 所没有发现的是,这种厚儿子薄女儿的做法,不单发生
在低下阶层,也有在自雇及优势阶层中发生,这个发现说明了经
济并非唯一的考虑,亦不是最重要的考虑。对某些抱持所谓传统
中国家庭观念的父母而言,让女儿读书与否,经济因素根本完全
不在考虑之列,而女儿的学术能力亦是无关痛痒。对有些父母来
说,有能力让未嫁的女儿待在家中根本是一种社会地位的表现。
但对于一些所谓对两性态度较开明的父母来说,经济因素与女儿
的学术表现则有可能影响他们决定是否让女儿继续进修。在这个
研究中,我们看不到哪个阶层的父母会比较传统。但可以肯定的
是,"资源"充足与否会影响到这些父母如何实践所谓传统中国
家庭观念;尤其是那些经营小生意的父母。简言之,这些父母认
为女儿应循婚姻途径向上流动,故此,学业和事业对女儿而言是
不重要的;相反,儿子的前途、家庭的荣耀,都与儿子的学业表
现和将来事业成就有紧密关系,所以学业对儿子而言是极为重要
的。即使儿子学业表现一般,甚至差劲,父母都尽力让他多读几
年书。换句话说,学术能力高并不能成为女儿学业生涯的保证;
反之,学术能力低却会为儿子博得父母投入更多的资源。

　　如果我们认为"年幼子女"策略中的年长子女跟他们的弟
妹比较是处于劣势的话,那么我们可说"儿子"策略中的女儿
与她们的兄弟相比则是处于双重劣势。从获得父母对他们教育的
投资而言,年长子女与女儿都处于劣势,他们都没有得到父母同
等分量的资源投入。从回馈家庭而言,年长子女并不被要求比他
们的弟妹向父母作出更多的经济贡献;可是,很多女儿则被要求
在出嫁前要对家庭多尽点财务上的责任。与之相比,她们的兄弟
并没有这种压力;相反,很多时候,儿子更会得到可观的零
用钱。

总　结

　　这一章，我们讨论了三个阶层的父母如何利用资源进行四种不同的家庭策略。所有父母主要使用经济资源为子女学业铺路。简言之，在教育不是免费的年代，父母可为子女做的是替子女缴交学费，尽量让子女多读一点书。父母没有运用很多不同种类的资源，相信是与那是个资源较匮乏的年代有关。当大部分适龄学童都不能负担学费，能负担学费的已是那个年代的胜利者。使用"子女"策略的父母为所有子女的学业筹谋；当中虽然在资源使用上有阶级间的差异，但父母对子女要学有所成的期望是一致的。同样地对子女一视同仁，使用"生存"策略的父母尽了最大的努力还是极需要子女经济上的援助；为了糊口，子女的教育根本是奢侈品。与之不同，其他父母对子女的教育投入是具选择性的。要养活为数较多的子女，使用"年幼子女"策略的父母要求年长的子女辍学，早点出来工作，赚钱养家；因此年幼子女的教育得以保障。经济拮据解释了父母为何对待出生次序不同的子女的教育有所差异。相比之下，经济并非唯一，亦非最重要的因素来解释使用"儿子"策略的父母为何厚儿子而薄女儿。所谓传统的中国家庭观念很大程度上解释了他们在资源上对子女作出具选择性的投放。简言之，"阶级"的概念不能完全解释父母如何在子女教育上投放资源。当然，优势阶层比自雇或低下阶层拥有较多资源，但这个差异未能完全解释阶级表现在教育程度上的差异。运用不同策略，投放不同资源在子女的教育发展上，在同一家庭中，父母在子女教育发展中扮演着不同的角色。换句话说，优势阶层的子女，相对于自雇和低下阶层的子女，获得父母分发更多的资源去发展自己的教育。但是，在同一家庭中，有些子女是家中优势子女，在教育上比其兄弟姊妹获得父母分发更多资源。简言之，"子女"策略中的所有子女，"年幼子女"策略中的年幼子女，以及"儿子"策略中的儿子皆是家中的优势子女。而"生存"策略中的所有子女，"年幼子女"策略中的年长子女，以及"儿子"策略中的女儿皆是家中的劣势子女。

　　表4－6列出各个阶层，使用各种策略的家庭获得中五学历或以上的子女人数；而表4－7则列出第一份职业是文职工作（包括中产职业）的子女在三个阶层和四个家庭策略的分布。如Mitchell（1972）所料，这个研究发现具有中五或以上的学历大多都可以获得文职工作（比较表4－6和表4－7）。换句话说，父母在子女的学业生涯及获取第一份职业中扮演了极重要的角色。但父母是否会继续在子女的事业生涯上扮演举足轻重的角色呢？下一章将会讨论这个问题：家庭的职场策略。

表4－6　各种家庭子女能完成中五或以上学历的人数（所有子女人数）

家庭策略	优势阶层	自雇阶层	工人阶层	总数
子女策略	51 (58)	40 (48)	54 (64)	145 (170)
生存策略	0 (0)	2 (12)	4 (5)	6 (17)
年幼子女策略	4 (9)	4 (9)	22 (43)	30 (61)
儿子策略	26 (33)	24 (33)	34 (47)	84 (113)
总数	81 (100)	70 (102)	114 (159)	265 (361)

表 4 - 7　各种家庭子女首份工作是文职的人数（所有子女人数）

家庭策略	优势阶层	自雇阶层	工人阶层	总数
子女策略	47 (58)	40 (48)	52 (64)	139 (170)
生存策略	0 (0)	3 (12)	5 (5)	8 (17)
年幼子女策略	4 (9)	4 (9)	23 (43)	31 (61)
儿子策略	30 (33)	25 (33)	27 (47)	82 (113)
总数	81 (100)	72 (102)	107 (159)	260 (361)

第五章　家庭的职场策略

第四章讨论了被访者的父母为了子女的教育，如何运用资源进行不同的教育策略，使子女能获得中学或以上程度的学历，然后取得第一份白领或中产职业，晋身较优势的社会阶层。这一章将追踪被访者及其兄弟姊妹的职业生涯，探讨其父母对他们所使用的职场策略，集中讨论子女从首份工作开始直至获取现正身处的阶级位置间，父母在其中所扮演的角色。本章将继续采用上一章对家庭策略的分类，讨论则依循分析资源的运用及策略的五个维度方面进行。一般认为，一旦子女开始工作，父母在子女职业生涯中所扮演的角色十分有限。的确，与他们在子女教育中扮演着举足轻重的角色相比，父母在子女职业生涯中担当的角色之重要程度则大幅减弱。父母的支持可能只对某些个别子女能起着相当作用。

"子女"策略

正如第四章的表4－6和表4－7所显示，大部分"子女"策略中的子女都能如父母所愿，获得中五或以上的学历；因而绝大部分都顺理成章地取得第一份白领或中产职业。子女开始工作后，使用"子女"策略的父母不但尽力帮助学历稍逊的子女以求改善其职业前途，而且也会尽力让事业上已有不错开始的子女可更上一层楼。简言之，这些父母的目标是让所有子女在职场上有更进一步的发展。

要指出的是三种父母帮助子女向上爬的做法。第一种，父母为打算继续进修的子女提供间接的经济援助。例如毛先生，虽然已晋身中产，但仍希望继续进修。在父母的支持下，他决定减少每月对家庭的经济奉献，将余钱储蓄起来作为将来进修的费用。最后，如他所愿，当他储蓄了足够的旅费和学费后，便辞掉了工作，飞往澳洲继续他的硕士课程。这种与家庭各个成员协调的合作精神，更被柯先生活灵活现地表达出来。

柯先生：我家四兄弟姊妹向上爬的故事的确相当有趣。我们互相帮助好让大家能轮流重回校园全职进修。如果要让我们能同时完成中学课程后升读大学，财政上我们的父母根本负担不起。我大家姐是护士，二家姐是秘书，三家姐出国留学。当三家姐学成回港时，我正在师范学院修读。因为有她那份收入及对家庭经济上的承担，我便可兼读学士课程。我们轮流承担家庭的财务负担，让其中一个可以进修。所以，可以说，我们兄弟姊妹就好像一群爬山的人：当一个向上爬，到达较高的位置时，他便把其他人逐一拉上到那一点，然后不断地这样做，直至所有人爬到终点为止。

柯先生生动的比喻，强调了家庭在社会流动中扮演着重要的角色，并带出了社会流动是家庭的集体成果而非个人能单独成事的。没有了兄弟姊妹间的合作，以及父母对他们的体谅，柯先生和他的兄弟姊妹根本不可能在职业生涯中更上一层楼。

第二种父母帮助子女向上爬的做法，是直接给予子女一份优厚的中产职业。这种做法明显地只限于经营颇具规模生意的父母，白太太的爸爸便是一例。她爸爸经营商场，拥有不少物业，

因此他可以让他的二儿子成为管理他的商场的营运经理。不过,
之后我们会讨论到,并非所有子女都满意父母为他们安排在家族
生意的工作;有些子女视之为负累。

　　第三种父母帮助子女向上爬的做法,是替他们物色理想的婚
姻伴侣。其实,为子女安排婚姻在现代香港并不常见。这里所指
的是,父母只是担当子女的介绍人而已,而并非为子女安排盲婚
哑嫁。例如,金太太,中学毕业后充当店务员;依据她的职业,
她未能晋身中产阶级。但因为她父母的关系,她认识了父母朋友
的儿子金先生。当时金先生拥有一份收入不错的中产工作;因金
太太同意与金先生结婚,故此我们可以将金太太的经历理解成为
循婚姻途径晋身中产阶级的流动经验。换句话说,金太太父母的
社交网络直接将她经由婚姻带进中产阶级去。

　　前文提到并非所有子女都乐于为家族生意效劳。对学历稍逊
而未能获取较好的中产职业的子女而言,打理家族生意当然不失
为不错的出路。但这条出路未必一定能为子女带来光明的前途。
例如关太太的二哥和石先生的七弟。最初,因为他们未能完成中
五,他们都为能够打理家族生意而雀跃:关太太的二哥打理杂货
店生意,而石先生的七弟则帮助父亲打理工厂生意。但是,最终
当家族生意倒闭时,他们因为没有其他工作经验而找不到工作,
最后只能当上的士司机。关太太有点为她的二哥感到可惜。虽
然,当初二哥的工作并不是什么薪高粮准的中产职业,但至少是
一份收入稳定的文职工作。她认为,要不是为了打理家族的杂货
店生意,她二哥就不用白白浪费青春,牺牲了收入稳定的文职工
作,而最终要当上收入不稳的的士司机。

　　家庭成员为家族生意奋斗并不是没有争执冲突的时候。就以
蔡先生为例。当初为了全家的经济发展,蔡先生听了原是工人的
父亲的建议,到一家塑料厂当学徒。父亲答应与他一起努力,当

储蓄到足够资本时，将开设自家的工厂。终于，蔡先生和他的爸爸愿望成真，他们成立了自己的塑料厂。作为长子，蔡先生当上了工厂的经理。凭他的小学学历，如果不是家族生意的关系，蔡先生根本不可能当上经理。这看似大团圆结局的向上爬的故事却只是向下流的序曲。当蔡先生的二弟和三弟大学毕业后，父亲亦邀请他们一起为工厂努力。但是，后来蔡先生认为他父亲处事不公，偏袒二弟和三弟。最终，因父亲分股不均，蔡先生与父亲大闹一场。自此以后，父子俩反目成仇，再也没有来往。蔡先生自从脱离家族生意之后，曾做过多种不同的小生意，但最终都以赔本收场。因他只有小学学历，他根本不可能找到一份收入较高的文职工作。最后，因多次的生意失败，他只好去当巴士司机。蔡先生认为，他对他父亲的生意的贡献被漠视了，多年青春和努力，只换来如此惨淡的收场；为此，他对家族生意有着说不出的愤恨。

使用"子女"策略的父母不但为子女的教育铺路以致子女能在职业生涯中有胜人一筹的开始，而且他们继续尽其所能让子女能再往上爬。通常情况下，这些父母都能如愿以偿，子女能循就业或婚姻途径晋身中产阶级。但并非所有父母跟子女都没有冲突。有些个案，家庭内的关系随时间而改变。这些改变在自雇阶层的家庭尤为明显。而从某些被访者的故事中，我们不但可察觉到家庭中各成员的流动是互相依赖的，而且可发现父亲与儿子的职业生涯和社会流动有着错综复杂的关系。

"生存"策略

从使用"生存"策略的父母对子女教育的破坏性来看，不难理解第四章中表 4-6 和表 4-7 所显示的有关数据：大多数子女都不能完成中学课程，而第一份工作并不是文职。他们大都从事低薪的劳力工作。因此，相信读者应不会对这些父母并没有什么子女的职场策略而感到惊讶。基于只为求生存的目的，这些父母根本没有能力为子女的事业发展谋划，更别说为子女在职业生涯中较劣势的开始作出补偿。简言之，子女一定要靠自己谋求出路，才能摆脱职业生涯较恶劣的开端。

其实，由于财务紧绌，父母只求子女能承担家庭经济开支，一切以外的考虑都是奢侈的。不过，亦因为父母并没有对子女再有什么期望，所以，在没有交集的情况下，父母与子女的关系并未变得更差。

对使用"生存"策略的父母来说，他们的子女能晋身中产简直是匪夷所思的事。如果硬要指出这类父母对子女所给予的援助的话，可能没有再阻碍子女向上爬就是他们对子女最大的支持！

"年幼子女"策略

如第四章中表4-6和表4-7所示，过半数的父母使用"年幼子女"策略的子女有一个较优势的职业生涯开始：获得中五或以上的学历，以及获取白领工作。而这些子女绝大部分都是年幼子女。与使用"生存"策略的父母不同，这类父母在后期因年长子女的定期经济奉献，家庭财务状况得以改善。于是，父母便有经济能力为年幼子女的学业铺路，而且也会为年长子女筹划，以求补偿年长子女早前为家庭所作的牺牲。大致上说来，我们可区分三种父母对子女的支持。第一种是间接的经济援助。跟使用"子女"策略的父母一样，这类父母免去年长子女对家庭的经济负担，年长子女从而可以为自己的将来进行储蓄。有些年长子女将其储蓄作进修之用，而有些则用作创业。第二种支持是直接的经济援助。有些父母让年长子女重回校园全职进修。例如彭先生，身为长子，早期因家庭经济关系，小学毕业后便到酒楼当点心师傅学徒。后来，当弟妹中学毕业后，他父母建议他辞去酒楼的工作，重回校园完成中学课程。之后，他父母更供他到台湾完成大学课程。如非获得这些迟来的学历，彭先生根本不可能找到一份中产的职业。第三种支持则是只有经营小生意的父母才可以做到。他们让子女替自己打工。虽然这并非很具吸引力的出路，但对某些子女来说，这条出路比一些低收入的劳动工作可能较为可取。

这个类别的家庭，父母与子女的关系并没有发生戏剧性的变化。提议要对年长子女作补偿的父母心甘情愿为年长子女的前途谋划；接受父母支持的年长子女亦乐于见到事业有所发展。父母与子女相对有较多讨论的是经营小生意的家庭。父母认为一家人为家庭生意努力甚有意义，但有些子女则认为替父母打工没有出息，宁愿冒险往外闯。例如，在下一章会提及，尹先生不喜欢在父亲的药房打工，觉得没有出息。但辗转发展之后，最终自己也成了药房的老板兼经理。都是经营药房，但他并非继承老爸的药房，而是经营自己开设的那一间。

从他们往后为年长或年幼子女所做的一切来看，我们可进一步肯定这些父母早前要年长子女辍学赚钱养家，纯粹出于经济而非某种特定意识形态的考虑。当他们的经济情况容许时，使用"年幼子女"策略的父母会不惜一切为每个子女的将来筹谋。

"儿子"策略

第四章中表 4－6 和表 4－7 所显示的不但是家庭策略的效

果,也有阶级的效果。即使使用"儿子"策略的父母厚儿子薄女儿,绝大部分优势阶层的女儿也能获取中五或以上的学历,但只有三分之二或一半的自雇阶层或低下阶层的女儿能有此学历。如果说使用"年幼子女"策略的父母充其量只是在子女的职业生涯发展中担当间接的角色,那么使用"儿子"策略的父母在他们儿子的职业生涯发展中则可以说是扮演着不可或缺的角色。

因为对子女有不同的期望,使用"儿子"策略的父母期望儿子经由就业向上爬,而女儿则经由婚姻改善社会地位。不过,即使有这种期望,并不代表父母会为女儿的婚姻筹谋。龙太太只是一个特例。她父亲因生意失败后,不愿意让她完成中学课程,要她中三后辍学,并到古董店当店员。但为着她的前途盘算,她爸爸为她安排了"有前途"的婚姻,介绍了书香世家的龙先生给她做夫婿。当时,龙先生已是一位中学老师。正如龙太太所言,以龙先生的条件,她没有拒绝这段婚姻安排的余地。

龙太太:龙先生看来老实可靠,一派有学养的谦谦君子。加上他为人师表,而且是书香门第,他爸爸是有教养的君子,是小学校长。所以,你说我凭什么反对这段婚姻呢?

如果说这些父母并没有为女儿的婚姻做什么谋划,那么与之相比,他们对儿子的事业发展则扮演着决定性的角色。他们有些介绍儿子去应聘一些中产职业;有些在经济上全力支持儿子进修;有些甚至出老本让儿子当老板做生意。读者可能认为这些父母的援助只是针对帮助学历稍逊的儿子而已,乃人之常情。但如果这些支持纯粹出于对职业生涯开始得不太理想的子女所作的补偿,那么,为什么他们并没有为比这些儿子学历更低、职业生涯开始得更差的女儿做相同的规划呢?就以钱先生的爸爸为例。钱先生,家中老二,中七毕业后在工厂做绘图员。这份工作工时长且前途不太理想。其实,钱先生一心想半工半读重考高等程度会考。可惜工时长，加上一周六天工作，令他不能分身或分心准备会考。为此，他爸爸介绍了他做保险帮办，因一星期只工作五天，且朝九晚五，所以他能好好准备考试。重考后，钱先生被父亲免去供养家庭的责任，为之后继续进修作储蓄。最后，他重回校园在师范学院全职进修。相较于他，他的三妹，家中长女，小学毕业后便被要求到工厂工作，但他爸爸并没有建议她重回校园，亦没有免去她养家的责任。即使钱先生的爸爸其实有经济能力让三妹全职进修，但他并没有选择这样做。

使用"儿子"策略的父母对起步稍逊的儿子之支持最直接，亦最具分量。而即使这些父母期望女儿经婚姻晋身较优胜的社会地位，但他们大多并没有为此而做什么筹谋。简言之，这些父母只在儿子的职业生涯中担当举足轻重的角色，但对女儿则不然。

总　　结

第四章和本章让我们看到"阶级"这一概念与"家庭策略"的一些关系。跟一般社会流动研究的假设一致，本研究阐述了"阶级"很大程度上影响了父母可使用资源的种类与数量。但是，有资源可用并不表示资源真的会被运用；如何能将"阶级"和资源联结起来，"家庭策略"这一概念正为此提供了线索。"阶级"并没有告诉我们父母会否运用他们所拥有的资源；虽然"家庭策略"并没有与"阶级"有一对一的对应关系，但"家庭策略"能显示父母如何为家中每个子女运用其资源。不过值得注意的是，由于这个研究所讨论的家庭并非由随机抽样所选出而来的样本，研究结果未必能在统计学上概括所有家庭。研究结果需要更多的验证。

总的来说，"阶级"跟"家庭策略"两个概念展现了社会流

动的过程。这些流动故事阐述了不同阶级背景的被访者，如何因
应父母使用之家庭策略而获得不同分量和种类的资源；其中，更
在不同时期，与家中有些成员发生争执。家中时有冲突竞争，也
有妥协合作；有些成功地协商达至共赢的局面，但有些则因冲突
而产生争执。不过在这一章的讨论中，可见父母在子女职业生涯
中可扮演的角色真的十分有限。要往上爬，子女主要靠自身在职
业生涯的不同阶段运用各种资源才可让事业有更佳的发展。在下
一章，我会集中讨论被访者与其兄弟姊妹如何为自己的事业周
章，最后晋身中产阶级。

第六章 个人职场策略：如何晋身中产阶级？

在前两章我已讨论过父母如何为子女铺路，运用不同策略以求子女可经由教育，然后就业（或婚姻）以获取社会上相对较优势的位置。在这章中，我则会聚焦于子女自身，探讨他们如何运用"资源"和"策略"好让他们的事业能有所发展并最终能晋身中产阶级。八十九位受访者中，七十三位是经由就业晋身中产阶级，其余的则经由婚姻。除此以外，受访者的九十九位兄弟姊妹也是经由就业晋身中产阶级。以下的讨论便是着眼于被访者和他们的兄弟姊妹晋身中产阶级之路。在香港，不但很多人期望能晋身专业管理或行政的阶层，亦有不少人向往当小老板，有鉴于这种情况，在这章中我也将会讨论当小老板是否真的是另一条令人神往的成功之路。最后，我将会总结经由就业晋身中产阶级的四条路径。

经由就业晋身中产阶级

如前所述，大部分被访者和其兄弟姊妹都是经由就业而晋身中产阶级。即便如此，他们的经历与所用的策略都不尽相同，就让我们看看他们的奋斗过程吧。

文化资源：较高正规学历之路

　　经由就业晋身中产阶级的被访者及其兄弟姊妹中，绝大部分是直接晋身中产阶级的。换言之，当他们完成正规教育后，便能获取一份中产职业。从他们的学历、第一份工作，以及现时的职业，不难发现他们有两个共通点。第一，他们的学历相对其他被访者较高。其实，这批被访者及其兄弟姊妹的学历也是这项研究中最高的。只有十四位是中学毕业，其他则至少具有此学历。更具体地说，有四位拥有硕士学历，而有一位更获取博士学位。对于这一共通点，其实大家都不应感到意外：一般说来，中产职业多数要求相对较高的正规学历。第二个共通点是这批子女绝大部分自晋身中产阶级后便一直留在中产阶级中。所指的是，他们因具有相对较高学历而能获取一份中产职业；即使他们之后转换工作，所从事的仍然是中产职业。换言之，他们的阶级延续性极高。

　　这批子女在职业生涯上有较理想的开始，而他们的事业发展所循的轨迹都不离以下三种模式。第一，他们在所属的专业中一步一步晋升，慢慢往上爬。就以成先生为例。三十七岁的他是位高级工程师。大学毕业后，他投身一家大机构当实习工程师；多年来，他循公司内的职业阶梯逐步晋升，成为掌管一个中型部门的高级工程师，管理四位工程师及一队技术员。第二种模式是以兼读形式获得更高学历。这批子女因他们第一份工作容许他们在工余时进修而获取更高学历，而亦因获得这个较高学历的关系，他们能转换至另一份较理想的中产职业。以戴太太为例，她师范毕业后，当了小学老师。但她工余时修了一个兼读学位课程。因拥有一个较高的学历，可选择转往一间大专学院任教。而任教期间，她又修了一个兼读硕士课程。而因为这个学历，她被提升到大专学院一个较高的位置。即使已被提升,她仍继续进修。简言之,戴太太以兼读形式修了一个学士学位、两个硕士学位;并因这些较高的学历,她的事业得以发展。第三种模式则以全职修读形式获取更高学历,然后转往更佳的中产职业。就以戴先生为例,他中学毕业后到一家私立中学任教,因为他并没有教育文凭或更高的学历,他只可在收入较低且较没有保障,工作前途亦较差的私立中学任教。为了可转往到资助中学或官立中学任教,他决定辞了私校的工作,全职修读师范一个教育文凭课程。师范毕业后,他便一直在同一家小学任教二十五年,现在他已成为该校的校长。

从这批子女直接晋身中产阶级的工作经验中,值得我们留意的有两点。第一,正如 Archer (2007) 所指出,职业稳定 (career immobility) 并非不需要作出规划,或不需要付出努力的;相反,从这批子女的故事中可以见到,他们都刻意为自己的事业发展作计划部署,然后努力达到自己所定下的目标。第二,在多种资源中,文化资源可以说对他们直接晋身中产阶级,以及之后的事业发展都发挥了极为重要的作用。

文化资源:起步于中学学历之路

拥有相对较高的学历让很多被访者及其兄弟姊妹直接晋身中产阶级,但这并不是说,拥有较低学历的便丧失了成为中产人士的机会。对只有中五学历的子女而言,他们利用不同的文化资源,最后都能晋身中产阶级。

大致说来,这批子女晋身中产阶级所循的轨迹有两条。第一条是凭借他们所属的行业或机构中的经验。循这条路径的子女,他们的第一份工作虽不属中产职业,但却可被视为他们整个晋身中产阶级职业生涯中不可或缺的一部分。就以区先生为例,他中五毕业后,成为工厂的指导员。这份非中产的起步工作是他成为工厂厂长的必经阶段。同样地,金先生中学毕业后,只可任职银行的柜员。但这份非中产的工作亦是他之后成为高级银行经理的必经阶段。这个起步点让区先生和金先生能慢慢地累积他们所属专业或机构要升往较高位置所需的知识和经验。依循着机构所提供的职业阶梯,多年后他们最终分别成为了工厂的厂长和银行的高级经理。

第二条可供中五学历子女晋身中产阶级的路径是获取较高的学历。有些子女以兼读形式进行,而另一些则以全职形式修读较高的学历课程。虽然形式不同,但目的只有一个:就是希望凭借较高的学历而能令他们获取晋身中产阶级的工作。就以龚太太为例。中学毕业后,她是一家中学的文员。但鉴于这份工作没有多大前途,且非常刻板单调,龚太太便决定辞去这份工作,全职修读护士课程;毕业后,她当了注册护士,并不断获得提升,最后当上了护士长。

总的来说,即使只有中学学历而不能直接晋身中产阶级,但这批子女仍然可靠着在所属专业或机构中累积的经验或再进修所获得的更高学历之两种不同的文化资源,在职业生涯某阶段中能成为中产阶级的一员。

社交资源:工作上或家族间的联系

除了文化资源外,社交资源也令部分被访者及其兄弟姊妹能晋身中产阶级。这批子女多数在中学毕业后获取一份蓝领工作。从这个起步点,他们累积经验,建立声誉及人际网络;凡此种种都能引领他们步入中产阶级。

就以罗先生为例。他中学毕业后当了营业员。因为他勤奋、投入的工作态度,三十年来,他的前雇主、前同事,或工作上认识的有关人士都曾向他招手，聘请他担当与营业经销有关的不同工作：即使多年来没有寄出过一封求职信，但他转过十数间公司，推销过多种产品，最后成了某公司的销售总经理。他的晋升经验与 Granovetter（1995）所提出"薄弱联系的强处"（the strength of weak ties）的说法一脉相承。

社交网络的有力之处也从邓太太的经验中反映出来。邓太太小学毕业后到工厂当女工。她最后能脱离蓝领阶层而晋身中产阶级确实令人有点意外。根据这项研究中的大部分兄弟姊妹的经验，以小学学历与体力劳动工作作为起步点，他们往往都只能停留在工人阶级。要解释邓太太的例外就不得不提到她工作上及家族间的联系。在之前的章节我已说过了，为了让哥哥完成中学学业，邓太太小学毕业后便被迫辍学，到了工厂当女工。之后，她结婚生子；为了照顾两个子女及兼顾家庭，邓太太多次辞掉了工厂工作，随后每当较空闲时又再投身工厂工作。纯粹以她的学历，邓太太根本不可能应征任何白领文职的工作。但她的前雇主欣赏她的工作能力与态度，决定让她当工厂的文员。而因为这份文职工作，邓太太学会了会计文书工作的知识。虽然为了家庭需要，邓太太之后又再请辞，但这些难得的工作经验让她成了她二哥的得力助手。当时，她的二哥正扩展他的生意至中国大陆，香港的生意便交由邓太太处理。不幸地，在中国大陆出差期间，她的二哥遇到交通意外而需住院留医多月。邓太太便成了她二哥所设的公司及工厂的执行经理的不二之选。

简单地说，罗先生与邓太太的职业生涯故事，都似乎重申社交网络在事业发展上可担当扭转乾坤的角色。

经济、文化、社交资源：当上小老板之路

与以上讨论的子女相比，以下三位被访者属较少数，而且他

们的经历亦较迂回曲折。他们全都属于低学历,起步于低技术工作,但因缘际会,在职业生涯中当上了小老板,最后都能晋身中产阶级。正因他们经验的特殊性,以下我会详述他们每一位的经历。

第一位是尹先生。之前章节我已经提过,因家境困难,作为大家庭的长子,尹先生完成小学学业后便到工厂当学徒。之后,他爸爸开了一家小药行,提议尹先生辞掉被视为没有前途的学徒工作,到爸爸的小药行帮忙打点生意。尹先生亦视这条出路较有前途。可是,在小药行工作了两年,尹先生认为在家打工并没有大的可为,便决定到外面闯一闯。所以,即使父亲希望他将来可继承父业打理小药行,尹先生仍坚持往外闯以求能创一番事业。最初,尹先生在一家大药房当店员。因这一份工作的关系,他认识了推销西药的经纪,之后便成了一家药厂的西药推销员,向医生及药行药房推销西药。对西药的认识以及掌握药房如何运作这一种文化资源,是令尹先生能晋身中产阶级的重要因素。慢慢地,尹先生累积的经验让他被提升为推销经理。可是,对尹先生来说,即使已荣升经理,但始终只是替人赚钱的打工仔,不及自己当老板。因工作的关系,他认识了两位志同道合的朋友,他们之后决定集资开设一家药房。因为尹先生有经营药房的经验,他便当上了药房的营业经理处理药房的日常运作。如此说来,尹先生可以说是以自我创业之门步了父亲的后尘。

第二位经历特殊的被访者是宋先生。早前提及,因家庭经济拮据的关系,中三毕业后,宋先生去了工厂当学徒。在同一工厂工作了大约十年,他被提升为组长。但他认为在工厂工作并非长远之计;到他年老力衰时,很容易丢掉饭碗。对他来说,成为小老板拥有自己的工厂才算是较有保障的出路。但可惜的是,以他那份微薄的薪金,即使储蓄多年,也根本不可能筹得开设工厂的资金。即使如此,他筹办工厂的决心非常坚定,于是,他辞掉工厂的工作而成了一家地毯清洁公司的清洁工人及司机。虽然这一份工作仍是一份蓝领的劳动工作,但却引领他获得后来职业所需要的文化和社会资源。以文化资源而言,这份工作使宋先生学会了地毯清洁公司如何运作;而社交资源方面,他因这份工作而认识了赏识他的同事及工作上的合作伙伴,和获得改聘为推销员的机会。虽然他的学历低,但他的工作态度与能力,令他的老板改聘他为地毯清洁公司的推销员。这份工作亦令他日后有机会得到他的同事及顾客的赏识。最后,他获邀与他的旧同事及旧顾客合股开设一家地毯清洁公司,获任为前线服务的主管。

第三位经历特殊的被访者是唐先生。他的背景比较复杂。他生于中国大陆,父亲被归类为地主,故此唐先生高一被迫辍学下乡,到农村耕田。但他认为他当时的处境是没有将来的,于是决定偷渡到香港。最初,他人在异乡,没有亲人,只有投靠同乡,在同乡的车行当技工学徒。因这份工作,他获取了之后事业发展所需的文化和社会资源。文化资源方面,因同乡的信任,他慢慢地成了管理车行的店长,并掌握了管理车行的技巧。社交资源方面,因这份工作的关系,他与住在附近的几位青年人成了朋友。最后,他们成了生意上的合作伙伴,合股开设了一家小小的贸易公司。因公司的业务不断扩充,最后唐先生成了公司的营运经理。数十年之后,公司更成了上市公司,股息收入丰厚,更可让他在四十多岁便提早享受退休生活。

这三位被访者的经验与大部分被访者相比可谓有点特别。以三人的低学历及第一份劳动工作作职业生涯的起步点,量化流动研究会预判他们能晋升中产阶级的机会微乎其微。以这样低的或然率,他们仍然成就了所谓统计学上的异数。可能“运气”的因素能有助我们了解这些流动故事的可能性。但尹先生、宋先生和唐先生的经验正好阐释了所谓的"运气"是如何运作的。"运气"可以被理解成职业生涯中所出现的特别机会。在发展他们的事业时，三位被访者利用了手头上可派用场的资源，掌握了职业生涯中突如奇来的机会，最后获得了成功：当上小老板成了他们晋升中产阶级不可或缺的一步。

经由自雇晋身中产阶级

除了成为专业、管理、行政人员外，很多香港人相信自雇成为小老板是另一条通往成功之路。如前所述，很多香港人认为香港是充满机会的地方，只要肯努力，并有实力，成功向上爬并不是遥不可及的目标。在这个研究中，很多被访者都抱有这种看法。但因研究的设计，所有被访者都不是自雇的小老板，故此，这部分的讨论是基于被访者的兄弟姊妹的经验。亦因为这个限制，他们的故事并不能被视为香港自雇人士的普遍经验。即使在这个基础上，在以下的讨论中，我仍想探索自雇可否被视为另一条通往成功之路。

向往当小老板？

在这个研究中，有四十七位子女是自雇人士。其中，三十五位刻意辞掉了本身的工作，用自己的储蓄开创自己的生意。在这个意义上，或许可看出他们成为小老板的决心。但当细看他们成为小老板之前的工作，便不难看到他们可被视为"被迫"当上小老板，成为自雇人士是他们的次选。这与 Aldrich and Waldinger（1990）和 Aronson（1991）的分析呼应，认为社会上处于较劣势位置的组群，例如少数民族、新移民等，会有较大机会成为自雇人士的看法不谋而合。事实上，很多自雇子女成为小老板之前的一份工作是低收入的劳动工作。之前，宋先生亦有提到，成为自雇人士普遍是不愿从事体力工作的工厂工人所认为的较佳出路。那么，可以说，这些子女成为小老板并不是因为他们认为自雇是一条理想的出路，而是因为自雇能让他们脱离工人阶级，带给他们可以成功的希望而已。

与以上三十五位子女相比，余下的十二位子女当小老板是因为家庭的缘故。他们有的学会了父亲的技术，承传了父亲的衣钵；有的借用了父母的金钱，创业做些小生意；有的则继承父业，接管了家庭生意。即使每人经验都不同，但这些子女的共通点是他们都是家庭中学历较低的子女，父母给他们提供帮助，目的是让他们不至于要找一份低收入的劳动工作。

自雇：另一条成功之路

从这四十七个案例看来，有少数子女，尤其是那些辞掉高薪厚职的，确实具备企业家的素质，以求利用自己的开创性与冒险性创出一番成功的事业来。至于，是否所有自雇的人都具备这些特质，并非这项研究能够回答的问题。但是，从这些案例看来，他们的故事似乎呼应了 Chiu（1998）的结论：很多劳动工人选择自雇并非因为他们觉得自雇是具吸引力往上爬的途径，而是因为他们不能获取收入高、待遇优厚的工作。或许，某个意义上，我们可视自雇为脱离工人阶级的手段。

在第二章中，我已提过，要在七八十年代的香港当上小老板，开设小生意是较容易的选择。事实上，即使在这个研究中，不少子女在职业生涯中的某阶段也曾尝试自雇。就以任太太的十弟为例，数十年间，他多次进出自雇就业市场。中五毕业后，他当上了文员。当储蓄够相当资金，他便辞掉文员的工作，开设了零售商店。但不久，他的生意就失败了。之后，他又开设另一种零售商店，但都不成功。跟着，他迁往英国一年，开设了一家华人餐馆但又告失败。然后折返香港，与友人开了一家海鲜酒家。虽然这家酒家经营时间比较长一点，但不到两年亦告结业。然后，他飞往泰国做了点小生意，但都以失败收场，于是折返香港开了一家车仔面店。可惜，不到一年，面档闭门结业。终于，他决定暂时不再做小生意，应征一家建筑公司的营业代表。他的经验正说明了在香港做小生意的不稳定性。简言之，要在香港开始做一些小生意并不困难，但能否延续下去则是另一回事。所以，从这个角度来看，人们选择自雇很可能是因其可参与的难度较低，而并不是因为他们视之为另一条可通往成功之路。

经由婚姻晋身中产阶级

上文已提过，十六位被访者是经由婚姻晋身中产阶级的。意思是说，这些被访者现在并没有一份中产职业，但他们伴侣的中产职业则是令他们置身中产阶级的原因。我们大致可区分两类被访者：一些是嫁入中产阶级，另一些则是依靠伴侣的职业发展。前者所指的是那些被访者在结婚时，伴侣已有一份中产职业；而后者则不然，后者的伴侣要到往后的阶段才因职业发展晋身中产阶级。作出这种区分，我并非有意讨论他们是否运用婚姻策略，刻意选择与拥有中产职业的人结婚，或选择有潜质获取此等工作的人作为结婚伴侣，而是要指出，一些被访者虽然以其本身的学历及职业发展条件，并不能经由就业晋身中产阶级，但仍然可以循婚姻的途径达到这个目的。

总　　结

　　这一章想强调的是,要晋身中产阶级,学历固然相当重要,因此父母对子女的教育及职业策略绝对不容忽视,可是,一旦子女开始工作,父母角色的重要性便锐减,故此,能否晋身中产阶级要视乎子女自身的职业策略。换句话说,子女如何运用不同资源及策略,而所循的职业生涯轨迹对流动研究也有一定启示。以经由就业晋身中产阶级而言,可从被访者的经验总结出四条路径。第一,大部分子女在完成正规学业后凭借较高学历立即获取中产职业。以高学历的形式所展现的文化资源对他们而言至为重要。第二,很多只有中学学历的子女以非中产职业作为他们的职业生涯的开始,然后在相关的专业或机构内累积经验和建立声誉,逐步循着专业或机构内所设的职业阶梯向上爬,以相关知识或经验的形式所展现的文化资源是他们成功往上爬的关键。第三,有些子女亦是以非中产职业作为职业生涯的起步点,凭借着他们在相关专业领域或机构内所建立的声誉与人际网络,最终能步入中产阶级。社交资源对他们的成功则起了决定性的作用。第四,三位被访者即使有着较劣势的起步点,但因缘际会,加上天时地利,靠着经济、文化、社交等资源,他们把握了职业生涯上所出现的所谓特别机会,令他们最终也能够成为中产阶级的一员。

第七章　为子女未来铺路

　　因研究设计的关系，本研究的所有被访者全都是中产阶级的父母，育有至少一个六岁或以上的孩子。之前几章，被访者作为子女，所探究的是他们如何晋身中产阶级，关心的是他们在不同阶段所经历的过程。但在这一章中，被访者作为中产阶级父母，着眼点放在他们对子女的期望，和他们如何运用不同的资源和策略为子女的将来铺路上。更正确地说，我所关心的是被访者为子女的教育所做的一切。这一章有两个目的。第一，我将分析被访者作为中产阶级父母对子女教育的策略。这一分析将有助于我们了解现今香港中产阶级父母如何帮助子女获取较优势的学历。因研究设计的关系，二十三位被访者也是来自较优势的家庭。作为现今较优势阶层的父母，被访者与上一代较优势阶层的父母对子女的教育策略有何分别呢？故此，这一章的第二个目的是作出一个跨代的比较，看看上一代的优势阶层父母（即二十三位被访者的父母）跟现今的优势阶层父母（即所有被访者）在子女教育方面所做的一切有什么异同。在这个跨代比较中，我将阐明两代的优势阶层父母如何掌握制度中对他们有利的地方为子女铺路。

　　虽然这个跨代比较将有助我们了解阶级不公平的跨代再制，但其本身是有着三个限制的。第一，这个比较所关心的是父母为子女教育所做的一切（即策略），而并不是父母为子女所做的一切所带来的后果（即策略是否成功）。而且大部分被访者的子女仍然在学，现阶段要比较两代子女的成就还言之尚早。第二个限制是优势家庭数目的不平衡。因研究设计的关系，所比较的是二十三个上一代优势家庭和四十九个现今优势家庭。第三个限制则与这个研究的性质本身有关。上一代的二十三位优势阶层子女（即被访者）是上一代优势阶层父母为子女铺路的数据源；但这些优势阶层子女却是现今优势阶层父母。当作跨代比较时，被访者可能会将自己包装成较会为子女铺路的父母，甚或下意识地忽略其父母为自己所做的一切。故此，读者要小心处理被访者的比较。

以下我将首先分析父母对子女的期望。关心的重点是两代父母之异同。然后，我会勾画出两代父母的分别；着眼点是他们可运用的资源以及所使用的策略。之后，我便会比较在不同阶段，两代父母如何运用不同的资源和策略去实践他们对子女的期望。最后，我会尝试总结这个跨代比较对社会不公平再制的启示。

期　　望

我们可从之前的章节看出，父母对子女所运用的策略不单与资源限制有关，也是与父母对子女的期望紧密相连。差不多所有被访者对其子或女都抱有几乎一样的期望。就以叶先生和明先生为例，他们都不约而同地表示，希望子女可获取社会认可较高的学历，然后成为专业人士。

叶先生：不用问，我希望孩子们能获取高学历，然后成为专业人士。我并不介意他们要当哪一种专业人员。这是孩子们的决定。……一个学士学位是必需的，但并不足够保证他们可获取一份理想工作。……我会鼓励他们多读书，以我所见，现今硕士学位才会为他们在就业中带来优势。

明先生：我期望我的女儿获得学士学位后会继续进修。但是，我并不想她们攻读博士学位。修读博士学位需时太长。当她们完成一个博士学位时，她们将错失累积工作经验的黄金时间。而且，我并不认为成功需要博士学位。我想，硕士学位便已足够。……专业人士确实比其他工作有保障。但我并不会因此强迫女儿去获取一份专业人员的工作。随她们的兴趣和意愿吧！

Mare & Cheng（2006）的底线期望论说可能有助我们了解被访者对子女的学业期望。他们的主张是父母会以自身的学历作底线，期望子女获得比自己高的学历。之前几章已经指出，绝大部分被访者拥有中学或以上的学历，以底线期望之说来理解，我们不难明白为何被访者要求子女至少要获取学士学位。但基于研究设计的问题，我并不能对此解释作肯定或否决。但毫无疑问，被访者对子女有此学业期望，是因为他们预料此学历将会是子女迈向光明的前途的必需品。罗先生对此看法提供了精要的解释。

罗先生：我希望子女尽力读书，越高越好。……我当然希望他们成为工程师或医生，简单地讲，就是专业人士。因为专业人士可不受限制任职于世界任何地方，前途一片光明。

在第二章里，我已讨论过五六十年代的香港，大部分人生活艰苦，经济拮据；相比之下，八九十年代的香港，物质丰富，很多人的生活质量大大得到改善。那么，上一代的父母对子女的期望是否与现今父母有很大分别呢？当被问及两代父母对子女期望的异同时，很多被访者都异口同声强调两代父母的差异性高于相同性。持这一种看法的被访者的父母都是使用"年幼子女"策略或"儿子"策略的。任太太便是其中一个例子。

任太太：我同样地爱护儿子或女儿；但我母亲重男轻女。我认为我对子女尚算公平；较生性的孩子，便会获得奖励。……我对子女的期望跟我母亲对子女的期望很不一样。我妈妈要求我将工资的一半交由她处理，但我对女儿并没有这种期望。

或许这正反映出使用不同策略的父母会对子女的不同期望。与之相比，父母使用"子女"策略的被访者在作出跨代比较时则认为两代的父母的相同之处多于其相异之处。毛太太与罗太太的比较便是其中两个例子。

毛太太：跟我爸爸一样，我都是希望子女尽量多读一点书。……但爸爸只着眼于我们的学业成绩，而并不在意发掘我们其他的兴趣或能力。……这个不同之处可能与时代变迁有关。……那时候，他根本没有支付课外活动的费用。

罗太太：无论哪个年代，所有父母都希望子女多读点书，而且希望他们名列前茅，有所成就。这是很自然的事，而且是事实。……我与我父母的分别可能是我收入较高，而且供养的子女少吧。

简言之，两代父母对子女的期望确实有着具体的差异，但大致上，使用"子女"策略的上一代父母与被访者对子女都有着相同的期望：他们所期望的是子女获取相对优势的学历，然后能因此取得较优势的工作。可是，即使希望实践相同的期望，两代的父母亦未必采用一致的策略。而且，即使采用一样的策略，他们也不一定会运用相同的资源。那么，先让我们看看两代父母在使用资源与策略方面的异同吧。

资源与策略

要实践对子女的期望，父母需要运用资源和策略。大致上，与上一代父母相比，现今的父母可运用较多的经济、文化及社会资源，利用教育制度的运作，为子女的教育生涯铺路。就让我先综合两代父母所采用的资源与策略。

经济资源

一般来说，现今父母的财政状况较上一代父母优越。这主要是因为现今父母比上一代父母拥有更多经济资源，但供养较小数目的子女。没错，有些上一代父母极为富有。白太太的父亲与任太太的父亲拥有具规模的生意，分别经营商场的租务和营运的生意，和仓务、酒楼、海味各种批发和零售的生意。但是，一般而言，现今父母多为双职家庭，有两份可观的收入；相反，绝大部分上一代父母只有父亲工作，母亲多要留在家中照顾为数较多的子女。这很大程度上与过去六十年有更多妇女参与劳动市场有关。妇女的生育数目锐减是其中一个原因。事实上，上一代家庭的子女数目介乎二至十三个，平均数为六；相反，现今家庭的子女数目只介乎一至三，平均两个子女。当然，资源数量的增加并不必然导致父母会为子女教育提供资源；正如前几章所显示的情况，不赘。以下我将指出现今父母确实比上一代父母可运用更多的经济资源为子女前途铺路。

文化资源

除了有更多经济资源可为子女教育筹谋，现今父母也被假设比上一代父母拥有更多的文化资源。第二章提到香港教育在过去六十年得到扩充，现今父母大多比上一代父母拥有更高的学历。绝大部分现今父亲获得中学或以上的学历，但只有几个上一代父亲完成了中学课程。两代母亲在学历上的差距就更大。绝大部分现今母亲完成至少中学课程，但绝大部分上一代母亲完全没有接受过正规教育，这意味着现今父母可能会更能为子女学业提供相关的意见。我并非认为单单学历便能解释两代父母对子女的学业期望和为子女教育提供相关意见的差异。例如石太太的父母，他们都是老师，拥有相对较高的学历，但他们并没有很关注石太太和她的兄弟姊妹的学业成绩表现，也没有提供很多学术上的指引。当然，这可能是石太太忽略了其父母对她所做的一切之故，但是，两代父母在这方面的差异某种程度上可能反映了现今父母察觉到社会竞争随着时间而变得越来越激烈。上一代父母为子女所做的可能并不足以应付现今日趋激烈的竞争。另外，与上一代父母比较，现今父母大多在香港土生土长，在香港接受教育；这意味着现今父母更了解香港教育制度的运作，因此更能为子女在学业上或教育生涯上提供相关且较具策略性的意见。

社交资源

除了经济和文化资源之外，现今父母也比上一代父母拥有更多社交资源。主要原因有三个。第一，现今父母多为土生土长，接受本土教育，但绝大部分上一代父母并非如此。土生土长接受本土教育意味着现今父母拥有较大的本土社交网络，例如他们有更多本土的亲戚和朋友，更重要的是他们与本土学校的联系。这对于毕业于名校的现今父母特别有利。毕业于名校，除了获得较优势的学历，也建立了有利的人际关系网：他们的校长、老师、同学与校友。这些关系将对他们的子女教育有一定的帮助。第二，现今父亲或母亲大多是在职工作。工作亦是建立社交网络的一个要点，对他们能认识一些会对其子女教育有帮助的人士有间接影响。第三，有不少现今父母是现职教师，而只有寥寥几位上一代父母在教育界工作。在教育界工作，现今父母更了解教育制度的运作，而且有着更有关联的社交网络。这意味着现今父母比上一代父母更能在子女的教育生涯上扮演重要的角色。

策略

从第四、五章的讨论可见，上一代父母大多对子女的策略并没有选择性，使用"子女"策略；而只有部分使用"年幼子女"策略或"儿子"策略。至于对待子女具有选择性的上一代父母，很多时候他们都有着经济因素的考虑。可以说，有一些上一代子女被视为家庭收入的来源之一，而他们的前途亦会为了家庭的存活而被牺牲掉。相反，没有一位现今父母对待子女是具选择性的，他们全都使用"子女"策略。相对于一般人而言，绝大部分的上一代子女并不能说在生活质量上被苦苦剥夺；相反，他们的生活条件在那个时代已算得上是比下有余。与之相比，现今子女就更加幸福。所有现今父母都毫无保留地为子女的教育作出奉献。雷先生与尹先生的表述就最明显不过。

雷先生：我的父母尽一切努力为我提供了基本生活。但与我相比，他们并没有很多余钱投资在子女的教育或个人发展上。我尽我所能为子女提供一切最好的。我子女的教育与前途永远是我和妻子的首要考虑。

尹先生：我爸爸是个推销员，其收入在当时来说已算十分不错。但别忘了他要养活两个妻子和十三个孩子。我可以期望他对我做些什么呢？但是，我只有一个儿子，我尽我所能为他提供一切。

为了家庭需要，上一代子女的学业有时候是可被放弃的。相反，现今子女的教育却是父母的首要考虑。这种看法最能反映在蓝太太的职业抉择上。她为了照顾子女的学业，甘愿放弃收入较高的会计师工作而投身教育事业。

蓝太太：当我还是会计师时，我十分忙碌。每年五月至九月高峰期情况就更糟糕。我不喜欢这份工作的时序。我两个女儿多在五月考试，我却无法照顾她们的学业。所以最后我决定辞掉会计师的工作，成为中学老师。

简言之，所有现今父母都采用"子女"策略，运用经济、文化、社交资源为子女的教育前途铺路，期望他们能在将来的就业市场上更具竞争力。以下我会探讨两代父母如何在不同阶段进行他们对子女的教育策略。

为求子女学业有成

要令子女学业有成，父母所要投放的资源以及运用的策略，至少可分为三个方面去理解。第一，父母希望让子女有一个"好"的开始；所谓要赢在起跑线上。第二，父母尽力协助子女务求每年在校内成绩表现突出，以使迈向另一个阶段时他们能不失其优势位置。第三，当子女在某阶段未能成功晋级，父母便安排"后备计划"，即所谓进行"B计划"，以为子女的失败作出补救。以下的讨论集中于两代父母如何在这三方面帮助子女。

让子女在教育制度中有一个"好"的开始

由于两代父母所处的社会环境不同，他们所需要做的以求子女能受惠于所处的教育制度不尽相同。第二章已有所讨论，六年小学免费教育和九年基础免费教育分别于一九七一年及一九七八年才开始推行。基本上，很多六七十年代的学童失学，故此上一代的父母在六七十年代愿意为子女提供学费，并为个别子女报读各所学校所办的入学试才称得上让子女在教育上有个"好"的开始。而二十三位被访者的父母确实这样做了。

与此相比，现今父母所面对的是一个中央派位制度的教育系统：小一派位制度。这个制度在一九八三年为所有六岁儿童而

设。参与这个派位制度是每位香港儿童接受九年免费强迫教育的
开始。当然,每位父母仍然可以私下向各间小学申请学位,但同
时他们需要经此派位系统为子女选择学校。而派位制度内有一套
根据不同准则而得分的计分制。学童所得分数越高,可以获派所
选的志愿学校的机会便越高。若学童不能获派其所选学校,便会
被随机派往一家小学就读。故此,现今家长所关心的问题并非现
今子女能否获得学位就学,而是子女会被派往何等样的学校。

要在计分制中得分,现今父母各出奇谋。例如,有些父母会
在各学校网络区域购买住宅单位,以使子女能在学校的同一区域
居住一项中得分。区宅与陆宅的父母便是为了子女派位而特意迁
往所谓名校网络区域居住。上一代父母并没有这样做,并不是他
们没有现今父母那么具策略性,只是这样做于当时的制度并不适
用而已。

要计划为子女的学业前途搬家,父母除了要拥有经济资源之
外,也需要文化和社交资源。要选择搬往哪一区居住才能令子女
得益,父母需要对各间小学的排名有所知悉,也要了解它们所处
的区域。这些知识正是父母所拥有的文化资源的一种表现。至于
社交资源,父母也可从社交网络如朋友、同事身上获取有关信
息。池太太的表述正好说明这一点:

池太太:最初我为子女选了甲校。但一位好朋友说甲校的排
名已大不如前,总之,甲校并没有我想象中那么好。于是,我便
听从朋友的建议,选了乙校。

文化资源反映在父母知悉学校的排名及学校的特色并不能完
全解释现今父母如何为子女作选校决定。文化资源亦反映在父母
如何理解,在现今教育制度下何谓好的教育。董太太便道出这个
考虑。

董太太:我丈夫和我为女儿选校时的确有点举棋不定。当

然，我们可以选择所谓的名校，但它们多看重儿童的学业成绩，即智性发展。我们也可以选择普通学校，它们会兼顾儿童各方面的发展。但很明显，名校似乎比普通学校会带给我女儿更佳的教育前途。但另一方面，我可以肯定女儿在普通学校读书会比较开心一点。

除了董太太外，现今父母大多没有这样的挣扎，因为他们最关心的是其子女能否入读名校，然后有一个较人优胜的"好"开始。简言之，现今父母善用所需资源务求子女能在小一派位制中处于较优胜的位置，最终能获派心仪的名校。不难想象，任职老师的父母的资源，尤其是那些在名校任教，或在名校毕业的父母最能令子女在这个制度下获益。即使子女不能获派心仪的名校，被访者仍可用有关的社交资源帮助子女。例如，当范先生知悉女儿没能获派一间心仪的名校，便立即致电联络他的一个朋友，将他女儿推荐给另一间名校的校长，以安排面试。

尽力协助子女令其学业成绩出众

在教育生涯上获得一个"好"的开始并不代表子女会在校内学业成绩表现出众。香港的教育制度是以其竞争性闻名的，当中充满了大大小小的测验考试。其中，中五会考及中七高等程度会考是两大重要的公开考试[1]。在八九十年代只有 6%—8% 的适龄学童能获大学学位。而即使香港政府在一九九五年决定提高这个比例，这个比例亦只维持在 16%—18%（Sweeting，2004）。所以，为了让子女在校表现优胜、并在公开考试中旗开得胜，最

---

[1] 自二〇一二年始，七年中学（五年中学和两年预科）三年大学的制度变成三年初中三年高中四年大学的新制度；当中，旧制的中五学生参加的中学会考及中七学生参加的中学高等程度会考两个公开考试被取消，取而代之的是新制的中六中学文凭公开考试。

后能考入大学，很多父母都替子女安排补习，以提升其学术表现。但仔细一看，只有两位上一代父母作此安排（即白先生和任太太的父母）。相反，三十四个现今家庭的父母都为子女的学习周章，帮他们温习功课；而十三个家庭更有聘请私人补习老师。但我们并不能由此推论现今父母比上一代父母更重视子女的学业成绩。我们只可以说，现今父母比上一代父母察觉到社会竞争变得更激烈而已。其实，这两代之间的差别并不令人意外。当下，因竞争更趋激烈，坊间的补习社更大行其道。

因大学学位的供应紧张，在六七十年代，学生即使成绩优异，升不上大学差不多是预期之内。故此，学业成绩差不多成了唯一的竞争战场。但情况在八九十年代起了很大的变化，优异的成绩并不能够确保学童能晋升名中学，继而考入大学。学童需要在课余活动有所表现才可提升其入大学的竞争力。

但是，为子女选择课外活动时，父母所需要做的不单是经济资源（缴交活动所需的费用及其他有关的开支），也要运用文化和社交资源。为子女安排课外活动，父母要具有知悉哪项活动会备受学校认可和奖励的文化资源，并利用社交网络，如朋友、同事、亲戚搜集相关看法的社交资源。当下，最受欢迎的课外活动是学习各种音乐乐器的活动班，尤其是钢琴和小提琴，学习各种艺术的绘画班和运动项目的活动班（例如游泳班和各种球类活动的兴趣班）。在美国，家长多会送子女去学习法语（Lareau，2002），但在香港，父母多会送子女去学英语或普通话。有些香港家长甚至为子女聘请收费高昂的一对一外籍人士教授英语。同样地，有些家长也安排内地人士教授子女普通话。这些例子正好说明，家长为子女安排语言课时，家长要清楚了解何种语言会为子女在现今制度中带来优势。除此以外，现今家长也鼓励子女参加联校比赛，获得奖牌会增加子女入读大学的机会是其中的考虑。但除了这些实际考虑外，有些现今家长也会关心课外活动能否塑造子女的性格。例如，有不少现今父母认为自律、勤奋、忍耐是一些理想的人格特质，是他们子女应要具备的性格。范先生便是其中一个提出有关看法的家长。

范先生：我不想我的女儿只闲着浪费光阴，她们要学习做事要尽力而为，不可只求蒙混过关，我期望她们学会认真和忍耐。我要她们明白到，要成功，便要付出努力。所以，我让她们每年都参加联校朗诵节活动。我希望这些活动可训练她们的自信与忍耐。

究竟现今父母训练子女成为某种性格的人是出于对那些性格本质上的认同（即本质上，拥有那些性格是好），或是出于认为那些性格会让子女在现有制度下有更大机会出人头地，某种程度上来说是十分难以让人区分出来的。但是，毋庸置疑，从这些看法我们可以看出现今父母明白如何能提升子女在制度中的竞争力。父母的文化资源不单反映在选择课外活动的考虑，也反映在父母为子女选科的背后理据。钱太太在女儿选科时，认为应留意科目的市场价值便可见一斑。

钱太太：我女儿一直是学校的高材生。中三选科时，她可以选文科或选理科。她说她对文科有兴趣。但我和她分析情况，告诉她可以在闲余时阅读文学，但如果她选理科，她将来会有更大的选科的空间。无论是入大学选科，或将来工作，理科都会让她有更多的选择。所以，她最终选了理科。到她大学选科时，她说她对哲学有兴趣，我建议她应考虑将来事业前途来选学士学位，要实际考虑到科目可供选择的职业。如果她真的对哲学有兴趣，可以日后选读哲学的硕士课程。终于，她选了经济。

我们无从了解钱太太对科学这门学科本质上的看法，或对大学经济学位本质上的评价，但似乎她对这些科目在社会上的市场价值十分了解。最明显不过的是，在选科时，这些现今父母并不考虑到子女本身的兴趣所在。仿佛兴趣根本对现今社会的生存并不重要似的。

除了选科外，现今父母为子女选择大学也十分着意。很多现今父母都说，当大学教育扩充后，他们所关心的并非子女能否进入大学，而是子女进入哪一所大学，获取哪一类文凭学位。明先生选择送女儿到美国一所有名大学就读便是一例。

明先生：我细女中五会考成绩十分优异，七 A 二 B。有此成绩，她到哪儿读书都会出类拔萃，所以我不认为她应将自己局限于香港大学。我送她到纽约读高中，希望更容易考入美国的名牌大学。当时我正考虑康奈尔、耶鲁和哈佛，但最后她决定到康奈尔，我更亲自飞到美国带她到康奈尔注册。除了为她租一间屋子和一辆车子，我还给她月费，好让她可以安心读书。

对明先生来说，大学学费、有关支出并不是他要考虑的东西。即使是香港大学也并不能匹配她女儿优异的表现。和明先生有着相同的考虑，龙先生送他的儿子到美国的哈佛大学读书。这跟上一代父母用尽所有资源也不能供子女在本地两间大学就读的光景有着天壤之别。这两代的差异印证了在西方的发现：当大学教育变得普及时，优势阶层的父母因关心子女前途，不单考虑送子女入读本地大学，也会考虑送子女到海外升学，而且更会在作出决定前，比较本地大学和海外大学的世界排名（e.g. Morris et al.，1994；Post，1994）。

为子女作出后备安排

虽然父母奇谋尽出为子女学业铺路，但并非每个子女都会因此在学业方面表现出色。相较上一代父母，现今父母更大程度上愿意让子女重读或重考。之前已讨论过，上一代子女在学业上某阶段的失败，便意味着其学业生涯的终结。换句话说，学业上一时的失败有时正意味着整个学业生涯的结束。而上一代父母不让子女重读或重考很多时候是出于经济的考虑。相反，现今父母根本没有顾虑到经济问题。有时，反而是他们的子女不想重读或重考。于是，为了说服子女重读或重考，现今父母便要力陈个中好处。有些现今父母更要为成绩不好的子女另作安排。余先生的考虑反映了其极具策略性的一面。

余先生：香港的中七会考和英国的普通中等教育证书（GSCE，在香港也可以进行考核）都被香港视为认可的 A-Level 考试。但英国的考试内容比香港的浅易。所以，我便想到为何不给我的子女多一个机会，而且是一个更好的机会呢？即使孩子在香港考这两个试考得不好，因英国会比香港较迟进行考试，我仍可以让他们飞往英国再考 GSCE 一次。我的孩子 A-Level 考得并不是很好，而九十年代初，只有两间本地大学，所以他们并不能在本地升读大学。最后，我送他们到英国伦敦大学就读。我认为这条出路并不比升读本地大学差。

当子女不能升读本地大学，很多家长便送他们到海外留学。如果大家认为这一做法只属补救性的话，那么，早早将子女送出国入读中小学，借以逃避本土剧烈竞争的做法便可称得上是防御性的了。这个选择固然相当昂贵，但对成绩不好或不能适应本土教育制度的子女而言，这个选择却具相当的吸引力。外国的教育制度常被港人视为压力较小，竞争较弱。故此，尹先生选择了将他的独子送往国外就读。

尹先生：我们送儿子到加拿大读中四，我妻子认为儿子的成绩一般，升读香港的大学的机会较为渺茫，故此便想到送他前往读书压力较小的加拿大去。其实，当时我们考虑过澳洲、英国、加拿大和美国。问过几位朋友的意见，他们都认为英国的程度较难，澳洲的程度太低。有些亲友更提醒我们要留意美国的枪械和药物问题。无论如何，我妻子的妹妹已移居加拿大多年，所以我们认为加拿大是我们最好的选择。

尹先生的考虑反映出当他为儿子前途做决定时，他所考虑到的不单是可利用的经济资源方面（例如供儿子进修的费用），而且也会运用其文化资源和社交资源。尹先生向社交网络所认识的人搜集各国有关升学的资料，务求为儿子选出最理想的出路。

总结：两代优势阶层父母的策略

这一章以分析实证故事去阐述现今优势阶层父母——被访者——如何为子女学业铺路，以求子女能获取较优势的学历。在分析的过程中，我同时也作了一个跨代的比较，以说明社会流动如何在两个不同时代的社会制度下进行。无论古今中外，所有优势阶层父母都极渴望能将他们的阶层优势得以跨代保存。本研究中的两代优势阶层父母并不例外，他们都同样期望子女最终能留在较优势阶层内，因而采用了在他们的社会制度下有效的策略去实现这个期望。在资本主义工业社会里，获取较高的学历被优势阶层父母视为留在优势阶层中最有效的途径。不同时代的香港为两代父母提供了不一样的社会背景和制度。故此，两代父母的具体差异在于他们如何落实他们的期望。在六七十年代的香港，上一代父母大多只用了经济资源为子女教育铺路。他们所关心的是子女能否在学业生涯上过关斩将，一步一步地升级进入大学。相反，在八九十年代的香港，社会竞争愈趋激烈，现今父母不单采用了经济资源，也同时运用了文化和社交资源以协助子女面对不同阶段的筛选。两代的差别其实主要反映了现今父母意识到社会竞争日趋白热化，而就业市场对劳工的要求则不断上升的这个事实。我们不能弄清的是两代父母对教育本质价值方面的看法。但是，就教育的工具价值方面而言，两代父母都明白教育在社会竞争中扮演着举足轻重的角色。他们都察觉到社会竞争是一个零和游戏。看到社会竞争如此激烈时，被访者意识到学士学位只是子女的一项必需品而已，为的只是确保子女将来并不会比别人的形势差（Hirsch，1995）。如 Thurow（1972）四十年前所说的，学士学位本身并不一定会为人们提供优势，但是当人人都学位在手时，这学位会令拥有者不至于处在劣势。这便是所谓"人有我有"的心态："有"并不一定代表比人强，但"没有"则表示比人差。

第八章　圆"香港梦"的矛盾心理

　　上一章我将注意力放在分析流动所带来的所谓较客观的结果上：被访者作为现今中产阶级父母如何为子女的学业前途铺路。这种分析有助于我们了解社会上优势阶层父母对子女教育的策略，从而提供了社会不公平如何得以代代再制的线索。研究流动所带来的结果亦提供了如何理解社会不公平与社会流动共存现象的一个入手角度。本章与下一章将集中分析流动所带来所谓较主观的结果：被访者作为现今中产阶级的一员如何评价自身流动的经验与结果。更具体地说，他们会如何论述自己的流动故事呢？而他们对自身流动经验的感受又如何呢？以下我将先分析他们如何评价自身的流动经验，而下一章则会分析他们怎样述说他们的流动故事。如上一章所见，当被访者谈及自己如何为子女前途铺路时，他们知悉自己处于优势阶层，并不时自称为"中产阶级父母"。当然，作为研究员的我已将被访者视为所谓成功人士，但他们本身又会对自己作如何评价呢？他们会认为能晋身中产阶级这个流动结果是一种成就吗？他们对"成功"有何看法呢？这些问题与阶级身份都有着紧密的关系。过去多年，有关阶级身份与政治立场的讨论似乎认为因流动普遍的可行性，阶级背景对政治的影响已日渐微弱；相较之下，其他方面如种族、性别、性取向等对人们政治立场上所采取的态度更具影响力（e. g. Clark and Lipset, 2001）。然而，这种看法并不意味着阶级背景对理解身份的形成已是明日黄花。相反，我认为阶级背景仍然为人们提供了驻足点。社会流动可被视为身份形成过程的一部分：因流动的经验，人们改变了阶级的位置，这种经验可引致他们重新对自己定位，或改变他们对自己的真实或感观上的社会位置的看法。以被访者的流动经验为例，他们会如何看待"今天"的"我"呢？他们对自己现今的身份有何看法呢？这些问题与 Parkin（1971）提出的流动所带来的"驯服效果"相呼应。这种效果指出社会流动经验会为流动者带来一套新的世界观去看待社会公平与社会正义。这种社会流动带来的效果亦被视为社会政治稳定之源，从而解释了为什么社会不公平能在流动的社会中得以维持。换句话说，我们或许可在被访者对自己流动经验的主观评价中窥见"驯服效果"如何在他们的论述中流露出来，并可借此理解被访者的流动经验与他们对公平与正义的看法之间的关系。人们对自身重新定义正表明他们确认自己位置的改变和所谓新的身份。过去西方亦有不少相关的研究，其中一项较显著的发现就是在社会流动论述中人们所表达出来的一种矛盾心态：很多成功向上流动的人对自身社会位置的改变的看法都带着矛盾，感觉自己身处于两个不同世界的夹缝中而并不完全属于其中一个世界。正如 Jackson & Marsden（1962）的经典研究发现，向上流动令流动者感觉好坏参半；一方面，他们为能成功往上爬而感到骄傲，但另一方面，他们又同时怀着出卖了本身阶级的罪疚感，为出身寒微而感到羞耻，怕被人发现其寒微的出身而常常感到焦虑（e. g. Dews and Law, 1995；Ryan and Sackrey, 1996；cf. Reay, 2005；Sayer, 2005）。这些研究所发现的正好说明了人作为行动者的自主性，其主观的感受在研究社会流动和阶级身份时不应被忽略。受到这些研究发现的启发，我将会正视流动者对流动本身的感受。

　　这一章将探索究竟西方研究所发现的矛盾心理是否适用于战后香港的情况。这一方面的分析将会阐述"驯服效果"在战后香港如何运作。在这一章，我首先会分析被访者如何谈及"成功"，尤其是与事业和成就有关的方面。究竟被访者认为他们的成就，以及能晋身中产阶级是成功吗？教学人员与管理人员对此的看法有何不同呢？然后，我会观察被访者如何解释他们的成就，和他们如何评价香港作为他们发展事业之地。

　　在本书第一章中，我已报告过被访者来自三个阶层，目的是要比较三个阶层的父母所运用的流动策略。然而，所有被访者都可被视为向上流动者，这与当时香港的阶级结构有关。早期的香港大致上可分成三个阶层：上有英国人的管治阶层，下有华人的劳苦大众阶层，夹在中间的是能操流利英语的华人领袖周旋于管治阶层与华人大众之间（e.g. Chan, 1991）。在这个结构中，能向上流动的空间极小。但到了二十世纪六十年代，情况发生了重大的改变。由于经济起飞，外资在港开设公司，加上港英政府决定让中低管理层的公务员职位对华人开放申请。故此，要凭借学历才可投身的专业、管理以及行政职位大量涌现。被访者正是这时期政经改变的受益人，成为社会中的中间阶层。而这个日渐扩大的中间阶层到了八十年代初更慢慢成为所谓香港第一代的中产阶级。虽然从这个角度来看，所有被访者都是向上流动者，但为了比较阶级背景对他们的影响，我简单区分了上流者和不流者。前者指的是出身自低下阶层，以及大部分来自自雇阶层（父母是自雇小贩或工匠）的被访者，而后者则是指出身自优势阶层，及个别来自自雇阶层（父母经营小生意）的被访者。

成功的意义

在这个研究中，我也在某程度上将成功定义为能否晋身中产阶级。但是，除了这个由我作为社会学家对成功所下的定义外，我也让被访者分享他们对成功的看法。

当被访者忆述往事，回顾他们一生的经历时，阶级确为他们对人生旅程的论述提供了驻足点。很多被访者将自己塑造为从低下阶层努力向上爬而成功的故事的主角。他们视他们的成功为香港经济奇迹的神话中的一部分。被访者确认了他们在物质生活上的改善，但他们亦明白到他们物质上的成就是整个社会变得富裕的其中一个后果。社会变得富裕，被访者有经济能力为家庭提供居所、汽车和富足的生活。事实上，他们物质上的成就正是所谓中产生活的方式，是很多二十世纪八九十年代有志气的年轻人所向往的生活方式；具体地说，是他们人生追求的所谓"四仔"主义：车仔、屋仔、老婆（公）仔和 BB 仔。除了物质上的成就，很多被访者所指的成功是事业成就。从这个角度来看，被访者对成功的看法亦与社会学家的见解不谋而合：个人在制度上的成功或事业成就其实大致上就是现代社会中一种中产阶级的现象（Pahl，1995）。

虽然被访者视事业成就为成功，但教学人员与管理人员的论述却有点差异；这种差异反映在他们如何谈及过去的事业成就和将来的事业计划。为了作清楚的阐述，我会将他们的差异放大。与教学人员相比，管理人员，尤其是那些在私人机构工作的管理人员，似乎对事业前途更具野心或上进心；很多管理人员都认为自己拥有成功的事业。当谈及何谓事业成就，教学人员多数提及事业的本质或内在的回馈，强调教学本身是具满足感的。相反，管理人员则多会提及外在的回馈，侧重于他们多年来所获得的财富、地位、权力。他们对事业很不一样的评价可能跟他们的性格和最初被这两种职业范畴所吸引的原因有关。要留意的是那段时期的香港就业市场的特色：当时，经济刚刚起飞，高薪有前途的工作并不多。教学专业对所谓第二梯队的精英尤其具有吸引力：教学工作薪高粮准，福利好，工作稳定性强，而且享有相对较高的社会地位。加上中国传统上，老师是广受尊重的。相较之下，在私人机构工作则竞争较大：只有非常少数的人能爬上高位，获取高薪厚职，绝大部分人可能只有微薄的薪金。故此，从这个角度理解，由一开始，教学人员和管理人员便可视为"自我选择"的人，具有很不一样的上进心或工作态度。教学人员大多数希望事业能为他们带来稳定的生活，令人有满足感的师生关系和教学经验。相反，很多管理人员则往钱看，薪金、地位、权力、晋升机会是他们选择事业的主要考虑。这亦间接解释了为何管理人员比教学人员更多会指出他们在事业上得以晋升是他们事业成功的佐证。

　　基于对事业的野心和事业目标的不尽相同，难怪教学人员与管理人员对将来职业生涯也有着不同的规划。当被问及对将来的打算时，很多教学人员不约而同地提及他们期待退休的来临。很多教学人员对他们事业上的成就十分满意，而且并不打算对将来再作盘算。但管理人员却对将来仍充满期盼。他们仍希望继续被提升到更高的位置，有些甚至有创业的打算，希望成为老板后，事业可更上一层楼。

　　可能因为对事业有不同的看法，教学人员和管理人员对子女的期望也有点差异。如上一章已讨论过，所有被访者对子女的期望很相似：希望子女能至少取得一个学士学位，以便日后可获得专业工作。可以说，对教育工具性的价值而言，所有被访者都视教育为子女获得社会上较优势位置的有效渠道。然而，当被问及他们期望子女成为何等样的人时，教学人员与管理人员的差异便呈现出来。相对地，教学人员很重视子女们的品德和个性发展，而管理人员则非常在意子女们将来物质上的成就。教学人员强调他们希望见到子女们是友善、愿意照顾他人的好人，期望子女们能贡献社会。相反，很多管理人员期望子女能出人头地，成为人中龙凤。从这个意义上来说，虽然所有被访者都希望子女成功，但管理人员则比教学人员较倾向以世俗的看法对成功下定义。

香 港 梦

当被问及为何他们有如此成就（包括获取相对较高的学历、较人优胜的第一份工作，以及之后在职场上的升迁），被访者无一例外地认为最重要的是他们的能力与努力。我并不是说被访者没有提及其他因素。事实上，有些被访者，例如董太太（管理人员）和胡先生（管理人员），明明白白地指出职场结构上出现的升迁机会造就了他们的向上流动。但与不流者相比，上流者不认为他们的成就是理所当然的；相反，上流者对他们阶级位置的改变感觉极为强烈，因此他们大多都会细致地描述他们如何在人生旅途上每个阶段披荆斩棘，过关斩将终于成功地晋身中产阶级。可能出于对自身流动经验的关注，很多上流者较不流者对香港过去社会流动的情况有较深刻的分析。

总的来说，所有被访者大多都低估了幸运或结构性的因素在他们流动过程中所扮演的角色，强调他们自身的能力和努力。基本上，他们相信他们之所以能够晋身中产阶级全靠他们的个人因素，有人所不能的能力，以及付出了无比的努力，而不是纯粹依靠幸运。有着这样的信念，他们认为他们值得获取如此成就，享受较人优越的地位，并认为香港的不平等阶级结构是合理的。在他们的论述中，我们不难察觉他们隐隐散发的骄傲与自豪感。故此，在差不多每个访问的最后，被访者都作出简洁的结论：他们的流动经验正好说明了什么是白手兴家，不靠父荫，自力更生的成功一族。因着他们成功的经验，他们为香港总结出一条成功的方程式，适用于全港所有人："香港是极适合人们发展事业的地方。因为这里遍地机会，只要你有实力，肯用脑，肯拼肯搏，总有一天能出人头地。"这种看法正是所谓的"香港梦"，或香港狮子山下精神的一种体现。故此，当遇到挫折时，香港人不会轻言放弃，反而会在逆境中迎难而上。

对于"香港梦"究竟何时首次出现并无正式的说法。但大致上可追溯到二十世纪七八十年代的一个本地问卷调查（Lau & Kuan, 1988）。"香港梦"这种讲法是用来描述香港人对香港流动的机会而言整体乐观与个人悲观的一个矛盾的研究发现。那个研究里的被访者意识到香港的不公平，对自身的前途持悲观的看法；但同时，他们看到中产阶级的出现，认为有些有识之士和勤力之辈可以出人头地，从而展现出一种对香港整体情况乐观的态度。因持有这种看法，当未能在香港出人头地时，一般认为只能怪自己实力不够，不够努力，自身的失败与他人无关，不能怨天尤人。

因出身于不同阶层，被访者在社会流动中遇到不同的障碍。如前几章所讨论的，上流者所遇到的障碍比不流者多。读者猜想上流者可能会对社会上竞争的公平性抱持更批判性的态度。但事实是，因上流者最终成功了，他们并不觉得社会竞争不公平。至于不流者，因认识到其家庭的支持较人优胜，读者猜测他们可能对自己的成就并不会感到十分自豪。但事实是，他们对自己的能力充满信心，认为自己的成就与自己的能力和自己所作的努力有莫大关联，故此对所有成就深感自豪。

　　而其中值得留意的是战后香港的上流者并没有如西方的上流者般感到罪疚、羞耻或焦虑的混杂情绪。与英国的工人阶级相比，香港的上流者并不觉得向上流动出卖了他们本身的阶级。相反，香港的上流者为能够成功脱贫而感到骄傲，庆幸离开了本来的阶层。跟美国的工人阶级相比，香港的上流者并不为出身寒微而感到羞耻，或对人家可能发现他们寒微的出身而感到焦虑。相反，他们为即使出身寒微却能成功向上爬而感到自豪，并骄傲地诉诸于世。对此现象可以有两种理解。第一，香港的阶级历史并不悠久，而且阶级结构在战后经历快速的变化。相反，西方的阶级历史悠久，中产、工人阶级早已建立其阶级特有的文化。而香港只有贫苦大众，而并不存在具风格的所谓工人阶级，因而在香港不存在出卖工人阶级的不忠；加上中产阶级只是在二十世纪八九十年代才出现，因此亦不存在对晋身中产阶级的向往。简言之，香港并未有什么成熟的阶级文化供人向往。第二，跟西方不同，香港人并没有对利用教育作为向上爬的途径有所谓心理上的抗拒。我并不确定这是否与儒家思想有关，但中国华人社会自古至今重儒且认为以读书求功名是光荣之举（e. g. Ho，1976）。故此，战后香港虽是英国殖民地，而且制度上并不遵行儒家思想；但从某种程度上来看，香港可被视为由一群熟悉儒家学说的华人所组成，故此，他们认为善用教育的工具性以争取社会上较优胜的地位的做法合情合理。在这样一个环境下，向上爬根本与阶级文化或意识形态扯不上任何关系，反而是被视为值得羡慕的做法，因此能成功向上爬是骄傲的泉源。

　　被访者跟其他婴儿潮世代的人享尽天时地利的优势，乘香港经济起飞之利，受惠于众多结构性改变所带来的就业机会，成为成功向上爬的一群。并且，因此而跟同代人成就了"香港梦"。

其实，"香港梦"一直并没有得到传媒的刻意吹捧。只是到了二十世纪九十年代末期，香港经历了亚洲金融风暴，经济走向低谷，对此，香港政府带头再次强调香港人在狮子山下所创造的神话，向大众鼓吹香港精神。而所谓的香港精神更每每于香港面对逆境时，例如 2003 年沙士疫症爆发、2008 年的金融海啸，被政府用来鼓励社会上士气低沉的人们，并间接将社会上不公平的现象合理化。例如，当看到青年人失业问题严重时，政府并没有制定政策缓解问题，反而会重提香港精神以将失业的责任推到年轻人身上。

矛盾心理

毫无疑问，被访者，尤其是上流者，自觉他们是"香港梦"活生生的例子。顺理成章，读者也许会猜测被访者应热烈地拥抱着"香港梦"，对所谓的"香港精神"深信不疑。可是，只要仔细看看他们的论述，便并不难发现被访者并非由衷地深信着"香港梦"；相反，他们对"香港梦"存有矛盾的心理。诚然，被访者采用个人角度去解释自己的成就，认为这是缘于他们的能力和努力。但这并不表示被访者不能从结构角度去理解他们流汗背后的结构性因素。事实上，当被问及他们如何评价他们父母的成就时，几乎所有被访者都不约而同地指出物质层面上，他们的收入和生活水平都比父母高。更甚者，上流者明显地强调他们与父母活在两个截然不同的年代。赵先生（教学人员）便是其中的佼佼者。

赵先生：你可以说我父亲与我活在两个完全不同的世界里。社会变了！我现时的收入是超乎爸爸所能想象的。他一生都在街上卖菜，穷尽一生努力奋斗，也根本不可能负担我现时的住房。

他目不识丁，因此他为我能接受高等教育，有着受人尊敬的高尚职位，和有如此可观的收入而非常自豪。

虽然被访者提到社会富裕对他们和父母生活水平造成的影响，但个别不流者基本上并不觉得他们比父母成功，因而感到有点遗憾。白太太便是其中一例：

白太太：我并不觉得自己成功。拥有一份收入稳定的专业工作，我并不会因此而饿死。但这根本不能跟我爸爸的成就相比，他经营多种不同的生意，赚取丰厚的利润；我想，爸爸应对我们四兄弟姊妹有点失望吧，或者会后悔栽培我们变成专业人士，他并没预料到我们的成就与财富会比他少。

如此说来，被访者认识到他们的父母成就不如他们，并不是因为他们的父母的能力有限，或者不够努力，而是因为他们的父母并没有遇上被访者所遇到的结构性机会而已；可谓有点生不逢时的意味。明白了这一点，被访者似乎隐隐地挑战着自己先前解释自己成就的"香港梦"；某种程度上看来，被访者似乎对"香港梦"的看法有些矛盾。但是，若因此而批评被访者自相矛盾可能就有点武断了。我所关注的是他们这种矛盾心理背后更深一层的讯息（Skeggs, 1997; Savage et al., 2004）。我们可以将这种矛盾心理看作一种表述自己的策略。对"香港梦"抱有矛盾心理，一方面可让被访者证明自己是有能力的勤奋之辈，因此，他们是值得被奖励一席中产阶级的位置的；但同时又可表现出他们有分析能力，明白到能力和努力并非成功故事的全部。因此，他们的矛盾心理成功地把被访者塑造成成功但具同情心而并非志高气满、自大高傲的中产人士。

被访者将自己塑造成成功人士的倾向在他们分析其兄弟姊妹的成就时就更明显地展现出来。当被问及与他们兄弟姊妹的成就相比时，被访者从分析父母时所用的结构性角度再次转换到个人角度，集中到他们与兄弟姊妹的个人层面上的区别上。更具体地说，被访者强调自己与兄弟姊妹在能力上和努力上的差异。有些被访者更对兄弟姊妹作出有点不留情面的批评；钟先生（教学人员）便是其中一位。

钟先生：我爸爸早早便死了。我大哥作为老大就较为不幸。为了改善家庭经济情况，他中五后便被迫出来打工。不过，他很勤奋，晚上进修，最后一步一步向上爬，最后成了药剂师。同样地，我十分努力读书，最终能考入当时刚成立的中文大学。但我细妹就跟我们很不一样，她很懒，并不努力读书应付考试。最后，她成了小贩。你可以看到，一个人的成功跟家庭背景无关，问题是个人能力和努力的问题，我大哥和我最终能成功脱贫，而只有细妹失败，原因是她懒散成性。

钟先生（教学人员）的思考逻辑是，既然来自相同的家庭，有着相同的优势或劣势，如果我能够做得到，为何我的兄弟姊妹不能做到呢？而被访者能成功地突破了阶级的障碍而晋身中产阶级这个事实，确是挑战"阶级障碍是不能逾越"的说法的最佳证据。因此，兄弟姊妹的失败只说明了他们能力有限或不够努力而已。在这个基础上，对被访者来说，兄弟姊妹的失败可谓再次验证了"香港梦"。然而，这种对兄弟姊妹不留情面的批评并不适用于被访者对子女的看法。前一章已讨论过被访者如何为子女前途铺路。若被访者真心相信"香港梦"的话，即相信成功只靠努力和能力，为什么他们会忧虑将来子女要面对剧烈的竞争，或不能享受被访者曾享受过结构所赋予的机会呢？而且，他们为什么要那么在意为子女铺路呢？说穿了，被访者其实心底里明白只靠能力和努力并不能保证人们能在社会竞争中脱颖而出。被访者为子女所做的一切正好说明了优势阶层如何将自己的优势传递给子女。值得注意的是，被访者即使为子女做尽其能力范围内可做的一切，但仍对子女的将来忧心忡忡。这种焦虑可能出卖了被访者心底深处对"香港梦"所吹捧的香港精神的怀疑。这种矛盾心态一方面被他们的焦虑出卖，但同时令他们不敢对"香港梦"发出挑战，相反令他们更着力为子女运用更有效的策略；从某种程度上来看，被访者正在神化"香港梦"，而这种矛盾心理能将被访者塑造成细心和考虑周到的父母，为子女的未来不遗余力地作出贡献。

　　总的来说，在解释自身的成功时，在评价自己父母和兄弟姊妹的成就表现时，以及在讨论自己为子女铺路的策略时，被访者游走于个人角度和结构性角度之间，表现出他们对"香港梦"所抱有的矛盾心态。而这种矛盾心态可被理解成一种表达自己是何种人的一种策略。一方面，被访者提出个人特性——例如能力和努力——去解释他们自身的成功和责怪兄弟姊妹的失败。但另一方面，被访者指出结构性因素如社会发展步伐是父母未能成功的原因，并预见到日趋激烈的社会竞争将为子女的流动造成结构性的障碍。换句话说，从个人角度去演绎自己和兄弟姊妹的故事，让被访者重申他们的个人因素，从而得到他们理应晋身中产阶级的结论。从结构性角度去演绎父母的故事，则让被访者显得具有分析能力。因此，即使这种看法与"香港梦"存有矛盾，却能将被访者塑造成具同情心而并非傲慢的中产人士。而他们对子女将来的焦虑则令他们不惜一切为子女将来作安排，这种表现一方面神化了"香港梦"，另一方面则透露出被访者对"香港梦"的怀疑，但却能同时将被访者描述成无微不至的父母。

结论：社会不公平与社会流动的共存

　　表面上看来，在流动的社会中观察到其稳定性，似乎有点令人困惑。为什么社会不公平和社会流动可以在一个社会内同时发生呢？被访者对流动的自身论述便可帮助我们对此窥探一二。Parkin（1971）说过，社会流动者会对自身重新定义，这意味着流动者会采用一种新的世界观，包括用来看待社会公平的视野。

由于特定的时代背景，六七十年代的香港提供了数目在不断增加的专业、管理和行政的中产阶级职位，因而为婴儿潮世代制造了结构性向上爬的机会。这亦孕育了香港本土的第一代中产阶级。从这个意义上来看，被访者可以说并没有所谓的阶级包袱。但阶级为他们的论述提供了驻足点，对于如何看待自身的阶级位置，被访者毫不犹豫地指出自己是中产人士。而他们正为自己的下一代铺路，以求自身的阶级优势能传递给子女。从跨代角度去理解，中产阶级正为自身凝聚积存阶级优势，至于之后他们是否能形成一套自己的阶级文化则要拭目以待。

可能因为没有阶级包袱的关系，被访者并不如西方向上流的中产人士般对中产和工人阶级有着难解的矛盾。但这并不是说社会流动的经验没有影响到被访者。虽然他们具有分析能力，认识到没有结构性的改变，中产阶级根本不可能诞生，但同时他们乐于将自己看作奋斗故事中成功向上爬的主角。

虽然被访者确定自己是中产阶级的一员，并似乎相信香港有一套成功的方程式，但深入细阅他们的论述，不难发现他们对"香港梦"抱有的矛盾心理。而这种矛盾心理某程度上可视为内里连贯的，表现自己是何等样人的一种策略。换句话说，Parkin（1971）所说的"驯服效应"其实是可经由矛盾心理得以操作的。

第九章　如何论述"香港梦"

　　流动经验所带来的后果会表现在流动者对自身流动的感受上。更具体地说，流动者会因自身阶级位置的改变而对流动或社会公平持特有的看法。这种流动经验对流动者的影响也会折射到他们如何论述自己的流动故事。这里的分析，我借助 Ball et al. (2002) 的两个概念：想当然者的自述（Normal Biography）和抉择者的自述（Choice Biography）。这两个概念被应用到分析中产阶级和工人阶级的中学生如何做学业前途的决定：中产阶级学生将其学业生涯的每一步看成理所当然，而工人阶级则将每一步看成重要的抉择。想当然者的自述的特色是，行动者对学业生涯的发展并不视为决定，而是自然而然的下一步；就如同采用了不一样的做法是不可思议的事似的。相反，抉择性的自述则往往显示出行动者不断反复思量可供选择的出路，并衡量每条出路的利弊，最后才作决定。这两种自述之别正反映了阶级影响。但如前所讨论，家庭影响在被访者的流动过程中扮演着重要的角色。考虑到家庭影响，我将八十九位被访者的论述分成四类：想当然者的自述（Normal Biography）、抉择者的自述（Choice Biography）、突出者的自述（Special Biography）和激动者的自述（Emotional Biography）。想当然者的自述中，流动过程被看成一个正常的进程，流动者从一个阶段自然地走进另一个阶段。这种正常性正好

与抉择者在自述中所流露的刻意性成了强烈对比。抉择者的自述
所描述的流动过程，是由一系列在不同阶段中他们刻意作出的决
定所组成。突出者的自述亦跟抉择者的自述一样，将流动过程看
成由多个刻意决定组成；不同的是，突出者的自述对流动流露出
一种有个人特殊之处的味道，并带有对流动强烈的自豪感。当
然，丝丝的自豪感也可从其他两种自述中察觉出来。与此相比，
激动者的自述则带有强烈的愤怒与苦涩味。表 9 - 1 总结八十九
位被访者的自述种类与流动模式。以下，我将试着解说四种对流
动故事的论述模式。然后，我会试着探讨对这些流动故事的感
受，及其引申出来对社会公平的看法，会对社会流动的研究有何
启示。

表 9 - 1　　　　　　八十九位被访者的自述种类与流动模式

流动模式	想当然者的自述	抉择者的自述	突出者的自述	激动者的自述	总数
没有流动 （不流者）	27	0	6	4	37
向上流动 （上流者）	12	16	20	4	52
总数	39	16	26	8	89

想当然者的自述

　　八十九位被访者中，表 9 - 1 可见有三十九位以想当然者的
自述方式去论述其流动故事。他们将流动看成人生的一部分，其
进程是人生的常态：流动过程的轨迹被看成一个由被父母照顾的
儿女演变成为独立自主的成人，进而成为照顾儿女的父母。这个
过程是线性的、可预见的，并且可期待的。简言之，正常化正是

这些自述方式的共通点。

三十九位被访者所表现的正常化可由他们父母对他们的期望说起。他们非常清楚父母对他们有何期望，并认为此种期望是极为正常的，是一般父母会对子女所抱有的期望。故此，父母为他们学业所做的一切，对他们而言亦是正常不过的事。然后，他们开始踏足社会工作，多年来拾级而上般的晋升。此种事业上的升迁或成就也在他们的预期之中。因此，晋身中产阶级，享有一定程度的生活水平，在他们眼中，根本是正常不过、合理的人生结果。之后，他们成为父母，为子女铺路，对他们来说，他们只是在重复所有正常父母会对子女所做的一切而已。总的来说，这些被访者的社会流动只不过是一种正常化或标准化的人生进程。这种对流动故事作正常化的看法可从戴太太和梅太太在比较两代时所流露出的"想当然"的态度中窥见一斑。

戴太太：我认为所有父母都爱他们的子女，会为了子女而不惜一切。这是人类的天性。……所以两代父母有着强烈的相同性：我的父母抚养我成人，期望我出人头地；同样地，我照顾我的儿子，期望他会过着快乐的人生。

梅太太：我想所有父母都爱惜子女。……不过，我爸爸只是个腊肠师傅，要照顾六个子女。而我则比爸爸有更高的收入；加上丈夫的收入，我们只是要抚养两个儿女。……换句话说，我为子女做得更多，并不是我爱我的子女更甚于我爸爸爱我，只是我有更多资源而已。……除此之外，我看不出我父母与我有何不同。

简言之，这些被访者并不认为他们有什么与众不同，只觉得他们的成就是人人都可做到的那么普通。

抉择者的自述

　　表 9 - 1 中十六位被访者以抉择者的自述论述他们的流动故事。他们认为他们的成就是超乎他们父母的想象。与想当然者相比，抉择者并没有将一生所经历的视为不值一提、所有人都会经历的正常过程。相反，他们在某程度上将自己塑造成成功向上爬的英雄：他们所经历的是他们在不同阶段努力奋斗，并作出正确决定的结果。这种自述，当然与其背景有莫大关联。只要仔细看表 9 - 1，不难发现大部分的想当然者是不流者，而所有十六个抉择者却都是上流者。从人生的开始，他们便要努力为自己的将来筹谋。父母因为生计而无法为他们打算或铺路，他们只可以靠自己。对他们来说，父母不是对他们所处的境况无知，便是对他们的期望十分短视。故此，这十六个被访者的人生第一个关卡便是要取消父母对他们的策略，而必须要为自己筹划一切。之后，他们决定要步步为营，小心谨慎地在职场上拼搏。终于，他们能晋身中产阶级。而他们亦决定不要如他们父母般无知，要做个懂得为子女铺路的 "有识" 父母，以免子女重复他们所经历过的艰辛之路。这种向上的决心与具策略性的倾向可见于龚先生、钱太太和唐先生的论述中。

　　龚先生：我父母并不知道如何帮我，他们也没有能力支持我的学业。……所以，你可以想象他们从来没有问及我的工作或对将来的计划。……当然，他们也不会明白我具策略性的决定；全职工作一年，储蓄足够金钱去重读中七。……所以，当他们知道我考入大学时，他们都非常惊讶。……他们至今仍不能相信，最后我成了中学校长。

　　钱太太：我妈妈根本无法想象我能接受高等教育，枉论接受我是小学校长和区议员的事实。……你要知道，我妈妈的人生十分艰苦。……一个寡妇要养育我成人并不容易。……她根本不知道要为我做些什么，只知道努力工作令我得以温饱，不至于挨饿。……所以，她根本不会对我有什么期望。……以我猜测，她预见中的我应是和当时其他的年轻少女一样在工厂工作，早婚，嫁人生子，便终此一生。……所以，我的成就并非她所能理解的。

　　唐先生：我十七岁时，一个人从内地偷渡来港。回想起来，当时我真有点初生之犊不懂畏虎。……当时在内地，因家庭出身被列为黑五类，我就算多努力也不会有出人头地之日。……其实，在港我并无亲人，刚来时并无栖身之地。……最初几天，我睡在街上。……但有一天，我遇到一个同村的同乡。他租了个小地方以维修汽车为生；他并没有亲人，便让我住在他的那个小小的车房里。……听起来，真有点冥冥中总有主宰的感觉；我真是很幸运！……住在那里，我也学着维修汽车……最重要的是，我遇到五个住在附近的青年……我跟他们成为朋友。……最初，我们只是闲聊……但日子久了，我们便成了朋友。……有一天，其中一个建议我们合资做小生意。……我并没有资金。……即使如此，他们也都让我参与其中，视我为可靠的生意伙伴。那小生意后来越做越大。……然后，我还当了营运经理。……之后，其中一个股东决定成立上市公司；虽然我们对这一做法有点保留，但最终我们都决定搏一搏。……而之后，盈利大增，我们赚了很多钱。现在，我已退休不用工作了，因为我有可观的股息收入。……所以，你不难发现我的人生有如神话一般。若不是遇到同乡，我便不会住在那个地区；不住在那个地区，我便不会遇到那五个朋友；不遇到那五个朋友，我便不会拥有成功的事业。……如果他们不是看重我老实可靠，让我参与他们的生意大计，我根本不可能四十出头便可以过着退休的生活。

　　简言之，这些被访者并不认为他们的成就是理所当然的；相反，对于他们的成就，他们有点惊讶，有点喜出望外。他们认为他们之所以成功是他们在人生不同阶段中为自己作出具影响力的决定。

突出者的自述

　　与抉择者一样，另外二十六位被访者认为自己成就过人；不但如此，这些被访者以突出者的论述去理解自己的流动故事。从表9-1可见绝大部分用突出者的论述的被访者是上流者；而且有不少被访者是使用"儿子"策略家庭中的儿子。这些被访者大多被视为家庭中的希望，肩负起出人头地，光宗耀祖，为家人带来光荣的责任。正因背负着这些家庭或父母对他们的期望，他们感到自己真的与众不同，而所得成就亦是他们实至名归的最佳佐证。正因如此，他们的论述都带有一种特殊性，或与众不同的感觉。这种与众不同则要由他们的成长说起。这些被访者认为，一开始他们出众的家教或学业表现都足以令人刮目相看。工作后，在事业发展上他们把握了特别的机遇。而八十九位被访者中，这二十六位乃是最强调努力与能力在他们成就中所担当的重要角色。对他们而言，若不是他们拥有如此出众的能力，加上他们比别人付出更多的努力与决心，他们根本不会遇上那么多难得的机会，而最后能晋身中产阶级。正因这种对自身的看法，这些被访者也认为自己是细心周到的父母，为子女的将来作出最特别的铺排。这种对自己家教有如此高评价的态度，在龙先生和查先生的论述中最表露无遗。

　　龙先生：我们是书香世家。……爸爸是校长……作为知识分子，爸爸对我的家教当然不比常人。他是一个很严格、很有要求的父亲。……但那正是一个好的家长应有的特质。……他教我要成为一个值得人敬仰的有识之士。……我认为要论人的成功，归根究底都是家教的问题。……一个出身跟我一样，接受如此特殊家教的人，怎么可能成为失败者呢？我便是活生生的例子。

查先生：我爸爸是个十分出色的商人。……生于中国，但成长于越南，他能操流利的法语。……他亦是个发明家……修读电子工程，他研制自家做的电子产品。……而且他有视野，并不满足于只做一个工程师。……因他的语言能力，加上在越南的人事网络，他决定创办工厂制造他自己发明的产品，而且他非常成功。……我讲出这些是因为我想你明白家庭背景和成长过程是如何塑造我的性格，最后造就了我今天的成就。……我爸爸常教我，要在一地有所成就，必要掌握当地的语言。……当然，爸爸也教导我成功的最大要素：勤奋与毅力。若要成功，我便要全力以赴。……我真的很感激爸爸对我的教诲，将我培育成一个值得尊敬的人。

有了与众不同的开始，这二十六位被访者认为其成就当然是卓越非凡。其中利太太和池先生也道出了父母对他们的成就是感到何等的意外。

利太太：父母真是为我而骄傲，因我的成就，家中终于有了第一个读书人。

池先生：我是家中唯一的有希望能成为一个拥有小学以上学历的人。……父母当然为我能完成中五，之后中七，甚至入读大学而高兴；但他们根本不知道那些是怎么一回事。……不用问，他们并不理解我所修读的硕士和博士是怎么一回事。……父母只知道为我自豪；我所成就的远远超乎父亲对我的期望。

跟前两种的论述相比，或许突出者的自述所凸显的并不单单是阶级影响，还有家庭影响，尤其是对子女有不同期望的父母所运用的策略对被访者所产生的影响。

激动者的自述

家庭影响在被访者自述中所造成的冲击，从表9-1中八位以激动者自述的方式去描述自身流动故事的被访者的论述中就最显然易见。或许，我们可以说，在这八位被访者看来，他们的成就对他们的父母而言根本不值一顾。读者可能已猜到被访者多是使用"儿子"策略家庭的女儿。他们的论述中充满了负面的情绪。这种情绪源自家中父母对他们的冷落。从小，被访者便很清楚父母对自己和其他兄弟姊妹有着很不同的期望；对待他们亦有别于对待其他兄弟姊妹。这些被访者对此感到沮丧，并为父母的不公道而愤愤不平。故此，即使这些被访者今天有所成就，仍对父母之所作所为感到极为不满，认为父母根本不会欣赏自己的成就，或为自己感到自豪。正因有着此等成长经验，他们都决定要做个公平的父母，对子女要一视同仁。对于父母的不公平对待，方太太和苏太太今天说起来仍表现得很愤怒。

方太太：当然，家境并不富裕是原因之一。……父亲只是工厂组长，却要照顾五个子女。……但不可否认，母亲是偏心于哥哥……她说哥哥和我两人之中只有一人可继续供读中学，但她看不出为什么那个会是我。即是说，我要工作。……她说哥哥将来要养家。……但我觉得那只是借口。她选哥哥只因他是儿子。……女儿都要养家呀。……我每个月的人工费全都交给了母亲。……难道她不正是用我的钱去养家吗？……当她对我没有付出时，她凭什么要求我要对家庭付出那么多？

苏太太：爸爸对我绝无期望。……我只不过是他的侍妾的女儿。……即使我同父同母的亲生哥哥也得不到父亲的支持。可想而知，作为女儿的情况就更糟糕。我们在家中全无地位。……爸爸只让母亲和我们住在一层楼房，其余的我们必须要自己想办法……爸爸会几个月来见我们一次，放下一些钱，仅此而已。……我爸爸根本没有对我们尽过作为父亲的责任。……他不会理会我们的死活。

简言之，与其他被访者相比，这八位被访者所强调的并不是其成就所带来的骄傲，而是其流动经验中所受到的伤害，被他们父母所造成无法磨灭的伤害。

对社会流动的感受与对社会不公的看法

想当然者的自述与抉择者的自述大致上掌握了阶级如何影响被访者对流动的感受。总的来说，不流者多以想当然者的自述方式诉说其流动故事，视之为正常不过的人生所必经的历程；而上流者则多以抉择者的自述方式绘画出其如神话般的向上爬的成功故事，凸显其过程中戏剧性的遭遇以及英雄式过关斩将的过程。想当然者可谓对阶级不平等的存在，或流动过程中的结构性的障碍视而不见；其论述表达出每个正常人即使在阶级不平等的社会中也可晋身中产阶级的信息。这种正常化可谓将阶级不平等正常化，或自然化。虽然抉择者强调自身如何有过人之处战胜一切结构性的障碍，说明了他们对阶级不平等并非视而不见。但是，他们将成功归功于他们英雄式的经历和刻意作出的决定，这无异于认为阶级障碍是可以被冲破的，只视乎个人是否付出了足够的能力或努力。换句话说，这种刻意性并没有挑战现有的阶级结构，或者"香港梦"的说法，反而将之强化。相较这两种自述的方式，突出者的自述与激动者的自述则反映了家庭的影响。突出者的自述所揭示的是一种家庭所赋予的特殊性。在某种程度上，突出者的自述认同了阶级不平等的制度,并承认其合法性。突出者将自己看成特殊的个人,因其过人之处而觉得应分获取制度中优越的地位,所流露出的骄傲尤其明显。与之成强烈的对比,激动者的情绪被家庭中的不公义所淹没,因而没有提及阶级的不公义。

除此之外,突出者的自述和激动者的自述更带出,在情绪层次上,阶级影响与家庭影响在阶级制度中的复杂运作。所见的运作有四种。第一,阶级影响和家庭影响之间的互相强化,见于优势家庭中的优势子女的突出者自述中,阶级骄傲和家庭骄傲互相强化。第二,阶级影响被家庭影响所补偿,见于劣势家庭中的优势子女的突出者自述中,家庭骄傲有助阶级骄傲慢慢形成,甚至补偿了劣势出身的自卑感。第三,阶级影响被家庭影响所掩盖,见于劣势家庭中的劣势子女的激动者自述中,家庭愤怒极为强大以致没有察觉阶级自卑。第四,家庭影响不被阶级影响所补偿,见于优势家庭中的劣势子女的激动者自述中,阶级骄傲强化了家庭愤慨与苦痛,以致感到极其伤痛。总的来说,向上流动的确伴随着一丝自豪感,但并不代表带来的所有都是正面情绪。它亦不一定能够补偿阶级的自卑感。这研究发现的启示是,流动所伴随的情绪比我们一般所假设的都要复杂。

第十章 总结

这项研究所关注的是流动过程：在某一社会结构下，流动是如何发生的呢？要着眼过程，我认为人的自主性才能成为焦点。具体地说，究竟家庭中各成员作了些什么以使流动得以发生呢？这项研究其中一个重要的发现是父母在子女流动过程中所扮演的角色。出乎社会学家的估计，原来家中父母对不同子女的流动可发挥的作用不尽相同。换句话说，社会学家研究阶级在流动中的影响的同时，不能忽视当中相同阶层的家庭影响。若单单只以阶级将家庭区分，比较优势家庭与劣势家庭之间对子女的教育策略和职场策略，便看不到家庭中的互动，以及同一家庭中优势子女与劣势子女所接受的待遇之差异。换言之，阶级的影响毋庸置疑，但流动过程其实比单单分析阶级影响来得更加复杂。有些父母会因着子女的性别、出生次序，甚或生母的地位（尤其是一夫多妻的家庭）而对子女施以不同的待遇。

分析流动过程中，行动者所运用的资源以及策略阐述了行动者如何从不同家庭，经由教育，然后就业市场（或婚姻市场），最终晋身社会中较优越的阶层。当中，社会结构的改变所赋予行动者的结构性机会不容忽视。六七十年代经济刚起飞的香港便为婴儿潮世代，包括本研究的被访者提供了此等结构上难得的机遇。而这一代人的确可以凭借着个人实力和努力不懈去把握这天时地利所带来向上爬的机会，成就了"香港梦"。

可是，这些流动的发生与被访者的所谓成功例子，并不能证明香港是个公平的社会。这些过程只能说明，在香港不平等的社会结构下流动如何发生，社会再制如何得以代代发生。本研究也说明了优势阶层的父母比劣势阶层的父母拥有更丰厚的资源，可运用更多不同的资源，为子女的学业或事业铺路。再者，当被访者成了优势阶层父母后，在八九十年代的香港，亦出尽法宝以求子女将来可以获取较人优胜的学历和职业。

流动的结果除了反映在成功往上爬的父母如何为子女铺路外，也反映在他们如何看待社会不公平和自身对流动的感受。本研究的被访者并非不能理解结构对流动的影响力，而是因自身"成功"的关系，某种程度上令他们认为努力和能力才是成功最大的主因。这种对成功向上流动的理解一方面成就了"香港梦"，另一方面也导致被访者没有挑战现有制度所存有的不公平性。在他们的流动自述中可见他们并无对制度进行挑战。想当然者认为向上流动是人生自然而然必经的阶段；抉择者对自身成就作出英雄式的歌颂。前者仿佛对社会不公视若无睹；后者强化了个人可以征服结构性障碍的看法，而并非挑战制度上为劣势阶层所带来的不公义。突出者认为向上流动是成就家庭对他们的期望；激动者则对家庭在他们向上爬之路所设置的障碍深感愤怒。前者不是受惠于家庭不公的制度，就是受惠于阶级不公的制度，故此，对两种不公的制度都没有进行挑战；后者被家庭不公的愤怒所淹没，也没有对社会不公提出控诉。被访者对流动的感受，以及对自身流动的自述，说明了流动是如何可以与社会不公共存，而且流动也吊诡地可以为社会不公的制度提供了稳定的基础。就这样，这项研究进一步让我们了解到为何社会结构经由社会流动得以再制而一直不被挑战，并让我们了解到当中的复杂性。

　　总的来说，八十九位被访者的流动故事不但说明了流动如何发生，展现了他们的自主性；并阐述了流动所带来的"驯服效果"以及当中所牵涉的混杂性。由此，我们也明白了他们所打造的"香港梦"，并不是单由所谓的香港拼搏精神所导致的，而是同时因为受惠于天时地利的结构性改变。我并不是说在香港不需要实力和努力便可有所成就，而是想指出实力加努力并不是成功方程式的全部。漠视这个事实，社会只会不公地对个人作出过度的苛责。

参考文献

Aldrich, H. E. and Waldinger, R. (1990), "Ethnicity and Entrepreneurship", *Annual Review of Sociology* 16:111 – 135.

Archer, M. S. (2007), *Making our Way through the World: Human Reflexivity and Social Mobility*, Cambridge: Cambridge University Press.

Aronson, R. L. (1991), *Self-employment: A Labour Market Perspective*, Ithaca, New York: ILR Press.

Baker, H. D. R. (1979), *Chinese Family and Kinship*, London: Macmillan.

Ball, S., Davies, J., David, M. and Reay, D. (2002), "'Classification' and 'Judgement': Social Class and the 'Cognitive Structures' of Choice of Higher Education", *British Journal of Sociology of Education* 23(1):51 – 72.

Baron, J. N. and Hannan, M. T. (1994), "The Impact of Economics on Contemporary Sociology", *Journal of Economic Literature* 32:1111 – 1146.

Blau, P. M. (1994), *Structural Contexts of Opportunities*, Chicago: University of Chicago Press.

Burguiere, A., Klapisch-Zuber, C., Segalen, M. and

Zonabend, F. (eds) (1996), *A History of the Family*, translated by S. H. Tenison, Cambridge: Polity Press.

Carroll, J. M. (2007), *A Concise History of Hong Kong*, Hong Kong: Hong Kong University Press.

Chan, K. W. (1991), *The Making of Hong Kong Society: Three Studies of Class Formation in Early Hong Kong*, Oxford: Clarendon Press.

Chiu, C. (1998), *Small Business in Hong Kong: Accumulation and Accommodation*, Hong Kong: Chinese University of Hong Kong Press.

Clark, T. N. and Lipset, S. M. (eds) (2001), *The Breakdown of Class Politics: A Debate on Post-industrial Stratification*, Baltimore: John Hopkins University Press.

Cuff, E. C. and Payne, G. C. F. (eds) (1984), *Perspectives in Sociology*, Second Edition, London: Allen and Unwin.

Devine, F. (1998), "Class Analysis and the Stability of Class Relations", *Sociology* 32:23 – 42.

Dews, C. L. B. and Law, C. L. (eds) (1995), *This Fine Place So Far From Home: Voices of Academics from the Working Class*, Philadelphia: Temple University Press.

Elliott, B. (1997), "Migration, Mobility, and Social Process: Scottish Migrants in Canada", in D. Bertaux and P. Thompson (eds), *Pathways to Social Class: A Qualitative Approach to Social Mobility*, Oxford: Clarendon Press.

Erikson, R. and Goldthorpe, J. H. (1992), *The Constant Flux: A Study of Class Mobility in Industrial Societies*, Oxford: Clarendon Press.

Faure, D. (2003), *Colonialism and the Hong Kong Mentality*, Hong Kong: Centre of Asian Studies, University of Hong Kong.

Ganzeboom, H. B. G., Treiman, D. J. and Ultee, W. C. (1991), "Comparative Intergenerational Stratification Research: Three Generations and Beyond", *Annual Review of Sociology* 17:277 – 302.

Granovetter, M. (1995), *Getting A Job: A Study of Contacts and Careers*, Second Edition, Chicago: University of Chicago Press.

Hambro, E. (1955), *The Problems of Chinese Refugees in Hong Kong*, Holland: Sijthoff.

Hirsch, F. (1995), *Social Limits to Growth*, London: Routledge.

Ho, P. (1976), *The Ladder of Success in Imperial China: Aspects of Social Mobility, 1368 – 1911*, New York: Da Capo Press.

Horowitz, I. (1996), "The Evolving Sectoral Structure of Hong Kong", *Journal of Asian Economics* 1:131 – 144.

Jackson, B. and Marsden, D. (1962), *Education and the Working Class*, London: Routledge and Kegan Paul.

Lareau, A. (2002), "Invisible Inequality: Social Class and Childrearing in Black Families and White Families", *American Sociological Review* 67(October):747 – 776.

Lau, S. K. and Kuan, H. C. (1988), *The Ethos of the Hong Kong Chinese*, Hong Kong: Chinese University of Hong Kong Press.

Leung, B. K. P. (1995), "Women and Social Change: The Impact of Industrialization on Women in Hong Kong", in V. Pearson and B. K. P. Leung (eds), *Women in Hong Kong*, Hong Kong: Oxford University Press.

Mare, R. D. and Chang, H-C. (2006), " Family Attainment Norms and Educational Stratification in the United States and Taiwan: The Effects of Parents' School Transition", in S. L. Morgan, D. B. Grusky and G. S. Fields (eds), *Mobility and Inequality: Frontiers of Research in Sociology and Economics*, Stanford, Calif. : Stanford University Press.

Mitchell, R. E. (1972), *Family Life in Urban Hong Kong*, Taipei: Oriental Cultural Service.

Morris, P. , McClelland, J. A. G. and Yeung, T. M. (1994), "Higher Education in Hong Kong: the Context of the Rationale for Rapid Expansion", *Higher Education* 27 :125 – 140.

Pahl, R. E. (1995), *After Success: Fin-de-siecle Anxiety and Identity*, Cambridge: Polity Press.

Parkin, F. (1971), *Class Inequality and Political Order: Social Stratification in Capitalist and Communist Societies*, London: MacGibbon and Kee.

Parsons, T. (1949), " The Social Structure of the Family", in R. N. Anshen (ed), *The Family: Its Function and Destiny*, New York: Harper.

Post, D. (1994), " Educational Stratification, School Expansion, and Public Policy in Hong Kong", *Sociology of Education* 67(April) :121 – 138.

Powell, B. and Steelman, L. C. (1993), "The Educational Benefits of being Spaced Out: Sibship Density and Educational Progress", *American Sociological Review* 58 :367 – 381.

Powell, B. and Steelman, L. C. (1990), "Beyond Sibship Size: Sibling Density, Sex Composition, and Educational Outcomes", *Social*

Forces 69:181 - 206.

Reay, D. (2005) , "Beyond Consciousness? The Psychic Landscape of Social Class", *Sociology* 39(5):911 - 928.

Ryan, J. and Sackrey, C. (1996), *Strangers in Paradise: Academics from the Working Class*, New York: University Press of America, Inc.

Salaff, J. W. (1981), *Working Daughters of Hong Kong: Filial Piety or Power in the Family?* Cambridge: Cambridge University Press.

Savage, M. , Bagnall, G. and Longhurst, B. (2004), *Globalization and Belonging*, London: Sage.

Sayer, A. (2005), *The Moral Significance of Class*, Cambridge: Cambridge University Press.

Skeggs, B. (1997), *Formations of Class and Gender: Becoming Respectable*, London: Routledge.

Stoodley, B. H. (1967), "Normative Family Orientations of Chinese College Students in Hong Kong", *Journal of Marriage and the Family* 29:773 - 782.

Sweeting, A. (2004), *Education in Hong Kong, 1941 to 2001: Visions and Revisions*, Hong Kong: Hong Kong University Press.

Sweeting, A. (1995), "Educational Policy, Social Change and Development in Post-war Hong Kong", in G. A. Postiglione and W. O. Lee (eds), *Social Change and Educational Development: Mainland China, Taiwan and Hong Kong*, Hong Kong: Centre of Asian Studies, University of Hong Kong.

Thurow, L. C. (1972), "Education and Economic Inequality", *The Public Interest* 28:66 - 81.

Treiman, D. J. and Yip, K. (1989), "Educational and Occupational Attainment in 21 Countries", in M. L. Kohn (ed), *Cross-national Research in Sociology*, Newbury Park, Calif.: Sage.

Walby, S. (1990), *Theorising Patriarchy*, Oxford: Blackwell.

Wellman, B. and Berkowitz, S. D. (eds) (1988), *Social Structures: A Network Approach*, New York: Cambridge University Press.

Westwood, R., Mehrain, T. and Cheung, F. (1995), *Gender and Society in Hong Kong: A Statistical Profile*, Hong Kong: Hong Kong Institute of Asia-Pacific Studies, Chinese University of Hong Kong.

邹崇铭、韩江雪、林辉、李祖乔等(2010):《80前后:超越社运与世代的想象》(增订版),香港:圆桌精英。

潘慧娴(2010):《地产霸权》(第十二版),颜诗敏译,香港:天窗出版社。

政府档案

香港人口普查统计署

Hong Kong Statistics 1947 – 1967

Hong Kong 1961 Population Census Main Report

Hong Kong 1971 Population Census Main Report

Hong Kong 1976 By-Census Summary Results

Hong Kong 1981 Population Census Main Report

Hong Kong 1986 By-Census Summary Results

Hong Kong 1991 Population Census Main Report

Hong Kong 1996 By-Census Summary Results

Hong Kong 2001 Population Census Main Report

香港破产管理署

香港教育局网站(http://www.edb.gov.hk)

Education Commission Report (2000), *Learning for life*, *learning through life*, *reform proposals for the education system in Hong Kong.*

后　记

　　这研究在一九九七年回归前进行,而本书报告了战后出生的婴儿潮世代在香港所经历的流动故事。从他们的故事中,我们看到了战后香港的改变。而且,我们也感受到被访者在为子女铺路的过程中对当下香港情况的体会。简单说来,流动故事的具体内容会被其经历者所处之特定社会的政治、经济、文化背景所塑造;婴儿潮世代的流动故事只能作为我们了解当下香港故事的其中一个参考,而并不能被视为代表着各个世代的流动故事。况且,香港回归后的十五年来,经历了不少变迁,对婴儿潮世代之后的世代,尤其是年青一代的社会流动而言,其造成的局面仍有待研究。接下来,我会简述回归后香港在经济、教育、政治价值方面的情况,提出有必要对香港的社会流动作出新一轮的研究。

　　就经济而言,随着二十世纪八十年代中国内地的经济改革和对外开放政策,香港的厂商撤港北上,本地的制造业不断萎缩,从事制造业的人口暴跌。本地经济结构渐趋单一,就业结构出现了极化现象:就业市场的工作主要被高技术高收入和低技术低收入的工种瓜分。回归后,一九九七年亚洲金融风暴令香港意识到香港单靠金融业的潜在危机。在经济已转型的不可改变之事实面前,第一任特首董建华在施政报告中提出了数码港、中药港的构思,以求香港的产业发展能变得多元化。但是,金融风暴亦凸显出回归前已开始的楼市泡沫对港人所造成的生活压力。在楼价不断上升的情况下,不少人在焦虑下入市。但是,二○○三年沙士疫症袭港,楼价大跌,破产宗数由一九九七年的八百多宗暴升至二○○二及二○○三年的二万多宗(破产管理署,2003)。之后楼市复苏,而且再次变得炽热。即使回归后本地生产总值有所增长,经济发展尚算稳定,失业率亦不算太高,但个人入息中位数多年来增长不多,而反映贫富悬殊的坚尼系数却急增了不少(香港普查及统计署,2011)。回归十五年后的香港,贫富悬殊的情况严重。在财富分布不均、工种趋向极化的情况下(潘慧娴,2010),现时的经济、就业结构究竟会为人们带来怎么样的向上流动的机会呢?

即使假设向上流动的机会仍然存在,但回归后的香港又是否好好装备了下一代,好让他们能把握向上流动的机遇呢?这就不得不看看回归后的教育发展了。二○○○年港府推行教育改革,目标是让百分之六十的适龄学生能获取专上程度的学历(Education Commission Report,2000)。社区学院及有关机构所办的副学位课程便应运而生。过去十五年提供副学位课程的机构增至二十间,而课程数目则暴至十几倍,由十多个激增至多达一百五十多个。骤眼看来,为更多学生提供专上课程的做法并无不妥:获取较高学历,学生便可在就业市场中变得更具竞争力。可惜的是,港府忘记了竞争力是一个相对的概念:当所有人拥有专上学历时,人们便会追求更高的学历;学士学位便是下一个竞争的目标。但是,港府坚持资助大学学位定于每年一万四千五百个的政策,加上副学位在社会上缺乏认受性,一方面令大部分获得副学位的学生不能继续进修,另一方面害苦了他们,让他们白白浪费了光阴、金钱、努力而只换来一个缺乏社会认可的副学位。为求学士学位,很多持副学位的学生不惜报读收费高昂的衔接学位课程(香港教育局网站)。因此,衔接学位课程的数目在过去数年间亦有增无减。简言之,挣扎于工种日趋极化的就业市场中,很多学生不惜以借贷支付学费昂贵的学位课程;但毕业后,往往只能获得月入约万且工时长的工作。"学位贬值"、"欠债大学生"、"穷忙族"在回归后的香港已是熟悉的词汇。换言之,即使回归后教育经历改革,但要用千金才能换取的学位又是否令持有人具有向上流动的资格呢? 换句话说,贬值了的学位是否仍会被视为向上流动的入场券呢?

即使假设存在着向上流动的机会,即使假设个人获得了向上流动的资格,但向上流动会否发生也取决于个人的价值观。换句话说,新一代希望向上流动吗? 要回答这个问题就不能不看看回归后年青一代的价值取向了。回归后,反对政改方案的游行,显示港人对民主的追求。之后,反对廿三条立法的游行,以及二○○三年七一游行都反映出港人并非政治冷感,回归后港人确实更加关心香港事务,包括有关民主、政治发展的事务。而且,之后,保"天星"、保"皇后"的社会运动,显示出港人公民意识抬头,他们提出保育、社会公义、生活质素等后物质主义价值,挑战婴儿潮世代大多拥抱的经济发展至上或所谓的"中环价值"(邹崇铭等,2010)。这种挑战在保"利东街"、反高铁保"菜园村"的社会运动中再次得到证明。这些价值取向正好让我们反思婴儿潮世代一辈所打造的"香港梦",或所奉行的"四仔"主义。究竟在二十一世纪的香港,我们所追随的是什么样的社会价值呢? 简单地说,当下新世代所拥抱的价值会否令他们有向上流动的野心呢?

回归后,经济、就业结构上的改变为人们带来了不同的流动机会,教育发展为人们提供了多种流动资格,新世代价值的出现显示出不同世代有着不一样的流动野心。这正暗示实有其必要研究婴儿潮世代之后世代的流动故事。在新世界新时代中，各个世代究竟如何把握结构性的机遇，利用学历所带来的资格，配合新世代价值所认同的野心向上流动呢？这正是有心研究香港流动的学者应关心的课题。